*Ai miei genitori, con la promessa
di portarli ancora nella Grande Mela.*

Elisa B. Pasino

New York al femminile

Guida turistica

Terza edizione

MORELLINI EDITORE

Indice

Introduzione

New York: sembra di conoscerla prima ancora di averla vista dal vivo. Quante volte l'abbiamo sognata o l'abbiamo vista apparire al cinema o in televisione, vera protagonista di film e serie tv? E poi, quando si arriva davvero oltreoceano, ognuno di noi trova la sua New York. Viaggio dopo viaggio, la rendiamo sempre più nostra e in questa città in continua evoluzione scegliamo le cartoline, i ricordi e le esperienze che desideriamo portarci a casa.

Manhattan, l'isola delle colline. La città che non dorme mai. *Big Apple*, la "Grande Mela": per bocca degli schiavi africani, che emigravano dalle campagne e speravano di trovare i frutti che non avevano, ma anche per la forma dell'ippodromo di NY, secondo il cronista sportivo John J. Fitzgerald. "Nuova Amsterdam" per i coloni olandesi. "New York" per i conquistatori inglesi. "Gotham", resa celebre da Bob Kane che nel 1939 creò il personaggio di Batman. New York è tutto quello che desideriamo che sia e, soprattutto, è di tutti. È il luogo in cui ci si può sempre sentire al posto giusto.

La mia prima volta a New York fu a ventiquattro anni per un viaggio di lavoro. Era metà maggio, ero tornata da poco dal Senegal e non credevo mi sarebbe capitata un'altra fortuna così presto. Così, sono partita con una valigia quasi vuota, all'interno poco più di quello che ci sarebbe stato in un bagaglio a mano, compresa videocamera e microfono. Perché sapevo che avrei voluto portare via con me tutto ciò che, lì dentro, fossi riuscita a fare entrare. Nel pullman dei giornalisti, che ci aveva recuperati all'aeroporto JFK, non ascoltavo più quello che si stava dicendo, le voci dei colleghi erano diventate un rumore di fondo. Ero concentrata sullo skyline disegnato dai primi grattacieli della mia vita e mi schiacciavo contro il vetro oscurato del nostro mezzo per intravederlo non appena si fosse stagliato all'orizzonte. Aspettavo di attraversare l'East River e di mettere piede su quell'isola di granito.

I grattacieli laggiù avevano un nome e iniziavo a riconoscerli, uno a uno. Anch'io sarei entrata a far parte della giungla che, fino a quel momento, avevo visto in televisione e mi ero immaginata leggendo le parole di chi già la amava. Attendevo una città scintillante, ma in quel primo giorno a Manhattan ho scoperto anche l'altra faccia, quella della città vissuta in cui sferragliava la metro sotto terra, impazzavano le sirene dei vigili del fuoco e i clacson dei taxi. Fumavano i tombini, si spargeva odore di piastra bruciata e mai pulita dai camioncini che vendono hot dog e pretzel caldi agli angoli delle strade. Ho camminato per ore con la testa all'insù, cercando il sole, che era già sparito dietro un alto edificio a gradoni dalle mille finestre senza tende. Ho trovato sagome mai viste prima, come quella delle *water towers* sulla cima dei tetti all'imbrunire. Ero piena di domande e di curiosità. Avrei voluto sapere tutto e subito, per tenere stretta New York tra le mie mani, per sentirmi parte della Città.

Quando sono tornata nella Grande Mela la seconda volta, mi sono sposata: nel City Clerk del Financial District. Perché sapevo che, così, non ci saremmo mai lasciate. E oggi, quando scendo dall'aereo, so che New York ha sempre qualcosa di nuovo da farmi conoscere e anche di vecchio da farmi scoprire.

New York mi fa battere il cuore, riesce non solo a emozionarmi, ma anche a commuovermi.

Quando andare

New York andrebbe visitata in ogni stagione dell'anno e mi piace dire che ogni stagione ci regala la sua New York. L'ombelico del mondo – che pure ha una giungla di fitti grattacieli che svettano verso il cielo ed è percorsa da frotte di taxi gialli che si impossessano delle strade di Manhattan a ogni ora del giorno e della notte, intasandole – assume un aspetto molto diverso seguendo il ritmo della natura.

In primavera, dopo il freddo inverno che abbatte la temperatura a volte fino a -20 °C, i parchi della città si risvegliano e tornano verdi. Ci si scrolla dalle spalle la pigrizia da divano caldo e si inforca la bicicletta, lasciata troppo tempo in letargo, per visitare Central Park e Prospect Park, si organizzano pic-nic sull'erba, si passeggia sotto gli alberi in fiore. Sembra che i newyorkesi non abbiano aspettato altro, avvolti nei loro cappotti invernali.

L'estate a New York è davvero molto calda e arriva all'improvviso. È indispensabile avere sempre in borsa un giubbino di jeans, una felpa o una sciarpa leggera da indossare quando si entra in un locale o in un mall perché l'aria condizionata ghiacciata potrebbe scatenare uno shock termico. Si rischia un brutto mal di gola, senza questa precauzione. Anche i soft drink hanno grandi quantità di ghiaccio all'interno, *take care*. Da giugno ad agosto, la Grande Mela può essere davvero calda e l'aria è umida. Mettete una protezione solare se pensate di trascorrere molto tempo fuori. Una confezione da borsetta di acqua termale può garantire quel sollievo necessario per affrontare un'altra Avenue. Quando il caldo è insopportabile e arriva una perturbazione, ecco che si scatena una *shower*, che è davvero come una doccia. Di solito gli acquazzoni sorprendono all'improvviso e nello stesso modo finiscono e se ne vanno. Date uno sguardo alle previsioni meteo sul vostro smartphone prima di mettervi in marcia, perché il solo cielo sereno potrebbe trarvi in inganno. Portate con voi un impermeabile leggero da piegare in borsa. Verso la fine dell'estate e tra ottobre e novembre, un uragano dai Caraibi potrebbe avvicinarsi fino a New York, causando ritardi sui voli se non addirittura la chiusura momentanea degli aeroporti e una vera corsa al supermercato per accaparrarsi i beni di prima necessità.

Quando arriva l'autunno che porta con sé due grandi momenti di festa, Halloween e Thanksgiving, New York si trasforma di nuovo. Nelle vetrine dei negozi e nelle aiuole fanno capolino le decorazioni con le zucche, gatti neri, streghe e Jack-o'-lantern, ma è l'esplosione del *foliage* a lasciare a bocca aperta. Le sfumature che vanno dal giallo brillante al rosso fuoco, passando per l'arancio caldo, colorano le strade di New York. Le giornate ancora tiepide permettono di godere di questa stagione lunga e dolcissima e degli ultimi pranzi all'aperto.

L'inverno può arrivare molto tardi, anche a febbraio, portando con sé bufere di neve che da una parte rendono la città romantica con la coltre bianca, ma dall'altra creano non pochi disagi per le temperature rigide. Di solito l'inverno newyorkese è poi lento ad andarsene e accade che gli ultimi fiocchi di neve scendano addirittura ad aprile. Abituatevi da subito ai tombini che fumano come avete visto nei film: Manhattan è teleriscaldata dal 1882. L'acqua esterna a contatto con i tubi incandescenti forma le colonne di fumo bianco a causa della condensa. La rete sotterranea di vapore è lunga 170 km, fino alla 96ª Strada. E sapete che New York ha anche i canyon? Provate a camminare a Midtown, per esempio lungo la Fifth Avenue, in una giornata di vento a gennaio. Non riuscirete a stare in piedi perché il vento forte si incanala nelle strade strette tra gli alti grattacieli, fischiando minaccioso e sospingendo tutto ciò che trova. Servono sciarpa, cappello, guanti e una cioccolata calda.

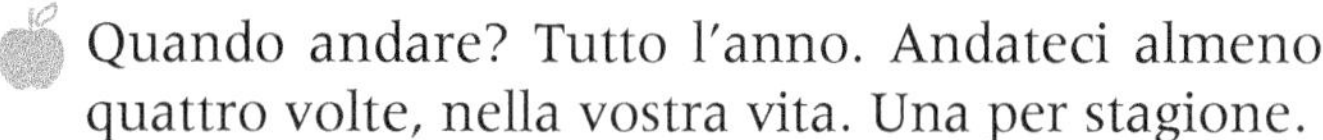 Quando andare? Tutto l'anno. Andateci almeno quattro volte, nella vostra vita. Una per stagione.

La valigia perfetta

Quando si parte per New York, nulla è davvero indispensabile. Perché, se avete dimenticato qualcosa, è tutto reperibile senza fatica. Anzi, sappiamo bene che uno dei motivi per cui andiamo nella Grande Mela è lo shopping.

Gli abiti
Dimentichiamoci l'abbigliamento da "turista tedesco in Italia". A New York lo stile dev'essere comodo, ma cool. Per praticità possiamo scegliere pochi pezzi, ma dello stesso colore: pantaloni o gonna e maglia o tee di una tinta simile, così da comporre gli abbinamenti con facilità e in pochi minuti. Scegliete, per esempio, il tema del blu e dell'azzurro che sta bene con i jeans. È sufficiente infilare in valigia qualche accessorio che tiene poco posto, come una sciarpa o una collana per rendere un look originale. Utilizzate ogni angolo della valigia, infilando i bijoux nelle scarpe, così recupererete spazio utile per lo shopping da viaggio. Di solito le compagnie aeree prevedono un bagaglio da stiva del peso di 23 kg. Arrotolate tutto, invece di piegarlo: si stropiccerà meno e terrà poco posto.

E potete anche aiutarvi con i separatori per valigia, quei box in rete che trovate online per poche decine di euro, molto comodi per suddividere l'abbigliamento per tipologia, non tirare fuori tutto insieme, non stropicciarlo e per - man mano - riporre gli indumenti già utilizzati e da lavare.

D'estate, potete aggiungere qualche abito. Di solito, è utile scegliere un vestito leggero per ogni giorno di permanenza così da sentirsi sempre fresche, pulite e nuove. Tra gli accessori, calcolate anche il rossetto. È davvero quello che vi cambia l'aspetto, anche in una giornata grigia.

Come ultimo consiglio, cercate di organizzare la valigia con la regola dei tre, ovvero tre pezzi che stiano bene insieme da far ruotare. E se siete appassionate di organizzazione della valigia, potete dare uno sguardo al mio libro *Prêt-à-partir. Tutti i consigli per la viaggiatrice perfetta* (Morellini Editore, 2017).

Le scarpe

La newyorkese si muove agile sui tacchi alti anche a fine giornata. C'è il trucco: a New York ci si sposta con scarpe comode, siano ballerine o sneakers (infradito piatte d'estate), e solo quando c'è la vera necessità ecco che, dalla borsa (di solito la seconda, quella un po' più ampia, perché ormai la doppia borsa è imprescindibile), spunta un morbido sacchetto di tela da cui fa capolino un tacco dieci. Le vedrete ovunque: si cambiano velocemente le scarpe sia dopo aver oltrepassato il Ponte di Brooklyn, sia appena sbucano dalla metropolitana.

Per non sbagliare, in valigia riponete sempre due paia di scarpe da ginnastica di quelle leggere e dai colori tenui facilmente abbinabili. Una scarpa con il tacco è d'obbligo per salire sul vostro tacco dieci solo un paio d'ore di sera. Nella bella stagione un sandalo basso o alto va sempre bene. D'inverno portate un paio di anfibi comodi e un paio di stivali caldi.

Le borse

Sceglietene una chic ma capiente e passe-partout. Di sicuro ce n'è una anche nel vostro armadio. E una clutch non deve mancare mai, perché è quella che vi svolta il look.

Beauty

Le newyorkesi puntano sulla base, che duri tutto il giorno nonostante gli sbalzi di temperatura, l'umidità e lo smog. Una base viso leggera con sopracciglia definite, mascara, blush e rossetto e siete in ordine. Non dimenticate il primer occhi e viso.

Nel beauty riponete tutti i campioncini di shampoo e creme con cui sapete che vi trovate bene. È l'errore più comune quello di portare in viaggio prodotti in comode confezioni ma che poi non sono l'ideale nella resa. Nelle *pharmacy* americane sono in vendita mini confezioni da viaggio, le travel size, dei dentifrici, creme, shampoo, conditioner delle marche più famose. Fate scorta perché vi torneranno utili. E fate anche un elenco di quello che desiderate acquistare.

Nella busta trasparente da tenere nel bagaglio a mano durante il volo riponete il dentifricio, una mini size di acqua termale, una crema per le mani, così come un fluido per il viso e un contorno occhi rinfrescante. Anche un deodorante e le salviette umide, che non sono considerate un liquido.

Arrivare a NYC

rrivare con l'aereo a New York è semplice e
sempre più rapido. Sono numerosi i voli di-
retti che collegano Milano e Roma alla Grande Mela,
in particolare da Malpensa e Fiumicino verso gli aeroporti JFK e Newark (New Jersey, a 26 km da Manhattan). Da Milano Malpensa il volo è diretto anche
su Stewart International Airport, Upstate. L'aeroporto di La Guardia, a nord del Queens, si trova a 16 km
da Manhattan.

L'aeroporto JFK dispone di otto terminal, dei quali cinque sono funzionanti e tre sono stati demoliti.
Ogni compagnia aerea di solito si appoggia a un terminal da cui parte e atterra. Controllate comunque sempre la vostra prenotazione.

T1 - Air France, ITA Airways, Lufthansa, Neos
T4 - Delta, Emirates Etihad Airways, KLM
T5 - JetBlue
T7 - British Airways, Iberia, United Airlines
T8 - American Airlines, Finnair, Qatar Airways

I terminal sono collegati fra loro gratuitamente
dall'AirTrain JFK, un treno automatico senza conducente.

Consigli pratici

Ricordatevi che allo sbarco negli States dovrete
esibire la stampa del visto ESTA. Qualche giorno
prima della partenza, meglio almeno una settima-

na prima, compilate la documentazione richiesta sul sito ufficiale 🔊 esta.cbp.dhs.gov/esta/ e stampate la conferma. L'autorizzazione al Visa Waiver Program per gli Stati Uniti ha una durata di due anni a meno che non abbiate rinnovato nel frattempo il passaporto, in quel caso dovete partire da zero e la durata del soggiorno è di massimo 90 giorni per turismo. Il costo è di 21 💲 e si può pagare con carta di credito e con PayPal. Ogni volta che tornate negli Stati Uniti nei 24 mesi è necessario tornare sul sito indicato, recuperare la domanda, aggiornarla con l'indirizzo in cui si soggiornerà e il vostro contatto negli Stati Uniti e stamparne una copia. Registrate il numero di dossier per poter sempre accedere al vostro ESTA.

Per verificare la validità del vostro ESTA, potete controllare qui 🔊 esta.cbp.dhs.gov/individualStatusLookup e, se preferite, in alto potete scegliere l'italiano.

Prima di partire, ricordate anche di stipulare una polizza sulla salute perché negli States non si scherza e per un semplice trasporto con l'ambulanza potreste dover pagare migliaia di euro.

Prima del ritiro del bagaglio dovrete passare l'immigrazione, che può essere un transito molto lento. Fortunatamente nell'attesa potrete utilizzare il Wi-FI gratuito e ammirare l'opera a pannelli di Deborah Masters, *Walking New York*.

È un'installazione permanente al Terminal 4 del JFK situata nella vasta Immigration Hall: 28 pannelli a rilievo inaugurati nel 2001 che raffigurano scene dei cinque distretti di New York City: dalle partite nei campetti di basket al relax al sole sulla spiaggia di Coney Island, dai banchi del pesce a Chinatown alla costruzione dei grattacieli a Midtown, dalle stazioni della subway a un matrimonio nella Grande Mela. Se è la prima volta che sbarcate con con la nuova ESTA, dovete avere con voi il foglio che vi hanno lasciato sul volo e che avrete già compilato a bordo, uno per famiglia (dipende dalla compagnia aerea, ultimamente, non sempre viene distribuito, poiché i dati sono già inseriti in partenza quando fate il check in e sull'ESTA, quando la compilate prima di mettervi in viaggio). Seguite le indicazioni e incanalatevi nella fila corretta: quando sarà il vostro turno, vi prenderanno le impronte delle quattro dita della mano destra e il pollice, poi faranno lo stesso per la sinistra e vi scatteranno una fotografia senza occhiali.

Se tornate negli Stati Uniti con un visto ESTA già utilizzato e un passaporto per il quale vi hanno già preso le impronte digitali, dirigetevi verso le macchine fai-da-te, se in quel momento l'aerostazione ne è provvista (purtroppo cambiano molto spesso le dinamiche aeroportuali): inserite il vostro passaporto come indicato per fare una scansione, come ormai siamo abituati un po' ovunque, poggiate poi le dita come richiesto dall'immagine sul sensore e fatevi scattare una fotografia senza occhiali. Verrà rilasciata una ricevuta. Si prosegue la fila sino all'area controllo dell'immigrazione per il timbro dal funzionario.

Sia che siate già stati a New York, sia che questa sia la vostra prima volta, gli operatori all'Immigration vi faranno alcune domande: per esempio quando è previsto il volo del ritorno, dove soggiornerete, qual è il motivo del viaggio.

Velocizzare con il Mobile Passport Control

Al momento sono 31 aeroporti internazionali negli Stati Uniti a essere attrezzati per velocizzare le pratiche di immigrazione se si è scaricata l'app MPC, Mobile Passport Control, disponibile sia nello store di Apple sia in Google Play Store. Tra questi aeroporti sono compresi il JFK e quello di Newark-Liberty EWR.

La comodità sta nell'affrontare file molto più brevi all'Immigration ed è sufficiente creare un profilo inserendo i propri dati e, al momento dell'atterraggio, selezionare l'aeroporto di ingresso, il terminal e scattarsi una foto. Si riceverà poi una ricevuta elettronica con un QR code da consegnare al funzionario che completerà l'ispezione per l'ingresso, apponendo il timbro sul passaporto.

Dopo l'atterraggio: arrivare in città

Dal JFK International Airport potete scegliere un taxi giallo con tariffa fissa. Mettetevi in fila subito all'uscita dell'aeroporto, dopo essere passati dall'immigrazione e aver ritirato il vostro bagaglio. Troverete gli addetti ai taxi che vi indicheranno su quale salire e vi consegneranno in anticipo la ricevuta del viaggio. La tariffa fissa per Manhattan è di 70$ a cui si aggiungono tasse e mance (tenete quindi presente una cifra che si aggira sui 100$).

Oltre al taxi, vi potete affidare anche a servizi come Uber o Lyft: è necessario scaricare l'app e prenotare la vettura per trovarla pronta fuori dal terminal. Al T4 Uber ha una postazione proprio di fronte alla fila dei taxi. Il prezzo equivale più o meno a quello dei taxi, dipende dal tipo di mezzo che si sceglie al momento della prenotazione.

Se viaggiate con bambini, con Uber è possibile scegliere l'opzione *car seat* per avere il seggiolino che sul taxi non è previsto. Oppure potete scegliere un mezzo idoneo per caricare la sedia a rotelle. Oppure potete condividere un minivan, come quelli della Super Shuttle Manhattan (www.supershuttle.com) e più siete, più risparmiate, per cui sono soluzioni comode per piccoli gruppi o famiglie numerose, che però sarebbero strette su un semplice taxi. Sono comunque abbastanza numerose le navette o shuttle condivise che coprono tutte le zone di Manhattan dal JFK (diverso è il discorso verso gli altri distretti). Di solito si prenota in anticipo, indicando orario di arrivo e numero del volo. Dopo aver passato la dogana e aver ritirato i bagagli, ci si dirige al banco *Ground Transportation* presentando la prenotazione e si attende di salire sulla propria navetta. Da 29 dollari a persona c'è per esempio GO Airlink NYC che è ideale se si viaggia da soli ma non si vuole prendere un mezzo pubblico e si preferisce una strada a metà (www.goairlinkshuttle.com). GO Airlink copre anche le tratte da LaGuardia e da Newark a Manhattan.

Un transfer privato interessante solo per voi è Carmel Car & Limo: l'autista vi attende all'esterno del vostro terminal di arrivo e vi contatta in caso di volo in ritardo. Questa compagnia di driver è anche menzionata sul sito ufficiale dell'aeroporto JFK e costa anche un po' meno di un taxi. Si può prenotare il ritorno ed è possibile cancellare la prenotazione fino a 21 minuti prima della partenza (www.carmellimo.com).

La soluzione più economica (anche se non la più comoda, va specificato) è quella di spostarsi dal JFK a Manhattan e Brooklyn con l'AirTrain e poi con la subway, ovvero con la metropolitana. Se siete con persone anziane, bambini molto piccoli o avete bagagli molto ingombranti, forse è meglio optare per uno degli altri mezzi di trasporto che ho elencato.

Il viaggio supera di circa un'ora la durata e si viaggia su un treno automatico che oltre a collegare i terminali dell'aeroporto prosegue fino alle prime fermate della metropolitana: Jamaica e Howard Beach, a seconda della direzione che scegliete.

Alla stazione Jamaica si trovano le linee E (verso Midtown Manhattan) e J e Z (direzione Brooklyn e Lower Manhattan). La stazione di Howard Beach scambia con la linea A che va verso Brooklyn e Lower Manhattan.

L'AirTrain costa 8,50 $ a persona e copre la tratta fino a Jamaica o Howard Beach, poi va sommato il biglietto della singola corsa di metro, 2,90 $, per un totale di 11,40 $. L'AirTrain è gratuito solo se ci si sposta tra i terminal dell'aeroporto.

Alcuni consigli: come si paga l'AirTrain? Si può fare la Metrocard, di cui è spiegato più avanti come si acquista, per cui vi consiglio di andare a leggere, ma si può anche acquistare appoggiando lo smartphone su cui avete registrato la vostra carta di credito oppure facendo tap con la vostra carta di credito come con il pos. Un altro consiglio: se viaggiate in almeno due persone, potete acquistare l'AirTrain 10-Trip che è disponibile alle macchinette tra i vari abbonamenti. Sono dieci corse in AirTrain a un prezzo di 26,50 $ che si può utilizzare - solo su questa tratta - entro 30 giorni dal primo utilizzo e al massimo per quattro persone alla volta.

Da Jamaica Station invece della metropolitana potete anche prendere la LIRR, Long Island Rail Road, per scendere poi a Penn Station a Manhattan o all'Atlantic Terminal a Brooklyn, che è comodo se dovete raggiungere i quartieri di Boerum Hill, Fort Greene e Barlclay Center. Il costo del treno LIRR varia da 5 a 11 $ in base all'orario in cui si prende. Questa seconda soluzione è più rapida per raggiungere Manhattan dal JFK, ma ha un senso solo se si alloggia nei pressi di Penn Station o Grand Central, oppure nelle zone di Brooklyn sopra indicate.

LaGuardia Airport si trova a soli 13 chilometri da Midtown e circa mezz'ora in taxi costerà tra i 40 e i

60$ più la mancia (non c'è una tariffa fissa). Non è comodo spostarsi con i mezzi pubblici: la stazione della metro più vicina è la 74 St-Broadway (linea 7, oppure E, F, M e R cambiando a Jackson Hts-Roosevelt Ave) nel Queens. Lì potete salire sul Q70 Express Bus fino a LaGuardia (10 minuti circa). Come minivan condiviso, potete fare una simulazione di tratta/costo con GO Airlink NYC che serve LaGuardia.

Newark Liberty International Airport: il car service a o da Midtown costa circa 130$ a seconda dell'orario; poco meno il prezzo del taxi che varia dai 90 ai 120$. Nei weekend e negli orari di punta si applica un supplemento di 5$. Se l'autista prende la Hwy 1 o la Hwy 9 non si deve pagare il pedaggio, se invece percorre il Lincoln Tunnel, all'altezza della 42nd Street, o l'Holland Tunnel, all'altezza di Canal Street, o il George Washington Bridge è necessario pagare, così non è se da NYC si va in New Jersey.

La soluzione meno costosa per arrivare in centro dall'aeroporto di Newark è quella di salire sull'AirTrain in qualsiasi terminal verso la stazione dei treni Newark Liberty Internaional e, una volta lì, prendere il NJ Transit che porta a Penn Station a Midtown. In realtà - anche se è meno noto - si può salire anche sull'Amtrak (🔗 www.amtrak.com), che porta sempre a Penn Station. I collegamenti da Penn Station sono eccellenti.

Il prezzo del biglietto dell'AirTrain è di 8,50$ a cui si somma il costo del treno di 16$ sola andata (si può acquistare il biglietto in anticipo sul sito 🔗 www.webtickets.njtransit.com).

Se si preferisce viaggiare in bus, il costo va da circa 18$ sola andata a 30$ andata e ritorno. Le fermate principali sono: Grand Central Station, Bryant Park, Port Authority Bus Terminal. Si può consultare il sito 🔗 www.coachusa.com/airport-transportation.

Come spostarsi in città

Se potete e il meteo lo concede, camminate. New York è fatta per essere percorsa, attraversata e vissuta, e si può conoscere la città solo passeggiando. Purtroppo non sempre è possibile farlo: per il freddo, la pioggia forte, le distanze. Ecco perché la metropolitana è il mezzo di trasporto più rapido ed economico, soprattutto se utilizzate la MetroCard.

Con i mezzi di superficie durante il giorno, che si tratti di bus o taxi, si rischia, soprattutto a Manhattan, di restare bloccati negli ingorghi, anche al di fuori della canonica *rush hour*.

A Manhattan i giorni infernali quasi a tutte le ore sono il mercoledì, il giovedì e il venerdì perché ci sono più consegne ai negozi in vista del weekend.

Procuratevi una cartina della rete dei trasporti pubblici urbani presso gli sportelli della metropolitana, oppure scaricate – già dall'Italia o appena potete usufruire di un wi-fi gratuito – alcune app che sono utili perché non necessitano di connessione dati. Tra le più interessanti, *Underway* e *New York City Subway*, ma sono in continuo aggiornamento per cui fate sempre una verifica rapida prima di partire. Di solito sono molto semplici da utilizzare e permettono di individuare la propria posizione, pianificare un percorso e controllare qual è la fermata più vicina. In alternativa potete usare anche Google Maps.

Come funzionano le strade di Manhattan

L'isola di Manhattan è una griglia sulla quale si intersecano parallelamente quasi tutte le strade, ecco perché è così semplice orientarsi in questo distretto anche se non si ha una cartina sotto mano.

Manhattan è tagliata orizzontalmente dalle Street che sono numerate partendo dalla numero 1 – che si trova appena sopra la Houston, tra Lower Manhattan e il Village – e arriva alla 190esima strada a nord dell'isola, oltre Harlem.

Le Avenue sono invece verticali e sono numerate dalla 1 alla 12 (tranne alcune che cambiano nome in Park Avenue, Madison Avenue, Lexington Avenue, Avenue of the Americas) e sono perpendicolari alle Street.

L'unica grande e lunga via che attraversa Manhattan diagonalmente è Broadway: parte parallela alle altre Avenue a sud e poi diventa obliqua da Union Square sulla E 17th Street fino a Columbus Circle, sulla W 59th Street, all'angolo sud ovest di Central Park. Poi torna parallela alle Avenue, proseguendo verso nord.

Le Street sono divise da una linea immaginaria che corre sulla Quinta Avenue: a destra sono classificate con la E di East, est, e a sinistra con la lettera W di West, ovest

Qualche consiglio: invece di utilizzare i numeri civici, spostatevi e muovetevi seguendo le indicazioni che vi danno, soprattutto "all'angolo con", "all'angolo tra" sono le informazioni che vi aiutano sempre a capire dove vi trovate. Ad Alphabet City (le prime quattro Avenue nell'East Village) al posto dei numeri si trovano le lettere dalla A alla D e sono ordinate da ovest a est invece che da est a ovest Partendo da est s'incontrano: Avenue D, Avenue C, Avenue B, Avenue A 1st Avenue e poi si prosegue.

Nel West Village alcune strade hanno la numerazione classica newyorkese, altre invece i nomi. Il sistema numerale newyorkese classico si trova solo dalla 14th St verso nord.

Infine ad Harlem, nel nord di Manhattan, molte strade hanno sia un numero sia un nome che è più che altro un toponimo *ad honorem*.

Autobus

Gli autobus urbani sono in funzione 24 ore su 24 e di solito percorrono le Avenue in direzione nord-sud e le street da est a ovest. Il servizio è gestito dalla MTA come la metropolitana. Gli autobus sono bianchi e blu e sono accessibili ai disabili: si fermano il tempo necessario per gestire le pedane e per agganciare in sicurezza l'eventuale carrozzina. Per i tragitti brevi e per evitare le scale della metro, la scelta di prendere l'autobus può essere la migliore.

Per identificare gli autobus, la destinazione finale si trova sul display anteriore e le fermate sono riconoscibili dalle pensiline e dai cartelli segnalatori. Le linee sono contraddistinte da lettere, numeri e colori. Le lettere indicano il distretto verso il quale opera quel bus: B (Brooklyn), Bx (Bronx), M (Manhattan), Q (Queens), S (Staten Island). La X significa che il bus è un express.

La zona in cui si concentrano più linee di autobus a Manhattan è Midtown, le linee East/West sono la 57th, 42nd, 34th, 23rd, 14th e la 8th/9th Street. Le linee spesso corrispondono alla strada che percorrono: la linea M42 percorre la 42esima Stada, la linea M34 la 34esima e così via. I bus fanno una fermata quasi a ogni isolato. Nelle ore di punta, per accelerare la corsa e non imbottigliare il traffico, qualche linea diventa "limited stop service", ovvero vengono effettuate solo le fermate più importanti per rendere il servizio più rapido. Ma questo servizio è sempre ben segnalato. Il biglietto singolo costa come una corsa in metropolitana: 2,90 $ e ha una durata di due ore dal momento in cui è stato timbrato, per cui si può fare anche il passaggio su un altro bus (non si può fare il passaggio alla metro).

Il pagamento sul bus si può fare in cash al conducente solo se si hanno 3 $ in monete contate, non si accettano le banconote. Si può utilizzare la Metro-Card.

E si può pagare con il metodo contactless, avvicinando alla macchinetta la carta di credito o lo smartphone. L'express bus per la corsa singola costa 6,50 $.

Automobile

Guidare a Manhattan può essere molto faticoso, ma se utilizzate l'auto non per visitare la città, ma per uscirne, allora è un'altra storia. Il noleggio delle automobili negli States è un po' meno costoso rispetto all'Italia perché c'è più smercio, ma a New York i prezzi sono più alti rispetto alle città di provincia della Grande America. Per essere certi di trovare una vettura, prenotate con due giorni d'anticipo. Di solito i prezzi più convenienti sono di Alamo. Le altre agenzie sono Avis, Budget, Dollar, Hertz, Thrifty. Date però anche un'occhiata alle opzioni che vi offre Booking.com. I newyorkesi utilizzano anche un servizio di car-sharing che si chiama *Zipcar* (www.zipcar.com). Per guidare negli Stati Uniti sarebbe richiesta la traduzione della patente o quella internazionale, ma di solito non si rischia un mancato noleggio con la patente italiana, se si guida nel periodo consentito dal visto.

I parcheggi più utilizzati sono quelli dei garage custoditi, che hanno una tariffa giornaliera dai 30 ai 60 $ in base al tipo di veicolo, ma cambia in base alla zona, mentre per la notte dai 20 ai 50 $, che si trovano ovunque a Manhattan. Un sito comodo da consultare per trovare i parcheggi a pagamento è ipark.com. I posteggi lungo la strada sono quasi impossibili da trovare: provate dopo le 19 a Chinatown e nel Financial District, perché a quell'ora si svuotano.

Bicicletta

I luoghi ideali in cui pedalare sono Central Park a Manhattan, Prospect Park a Brooklyn e Roosevelt Island. Nel resto di New York si moltiplicano ogni anno le piste ciclabili, come il Riverside Park lungo l'Hudson dove si trova la camminata dei ciliegi, fiorita in primavera, la "Cherry Walk". Al momento sono già 1.600 i chilometri di piste dedicate ai ciclisti: si può fare il giro quasi completo dell'isola di Manhattan e percorrere il Ponte di Brooklyn in entrambe le direzioni. Le piste ciclabili e le corsie preferenziali sono sul sito *NYC Bike Maps* (🔊 www.nycbikemaps.com). Ricordatevi il casco e che è possibile trasportare la bicicletta sia sulla metropolitana sia sull'East River Ferry. Potete noleggiare una bici al Central Park Bike Tours & Rentals al 2 di Columbus Circle, all'ingresso del grande parco di Manhattan, e al Recycle-a-bicycle al 55 di Washington Street a DUMBO, proprio ai piedi del Ponte di Brooklyn, ma ne trovate in tutta la città. È possibile condividere la due ruote con il bike-sharing (🔊 www.citibikenyc.com). La Città di NYC ha redatto una guida ufficiale per spostarsi in bici a New York e si può scaricare qui: 🔊 www.nyc.gov/html/dot/downloads/pdf/dot_bikesmart_brochure_italian.pdf.

Metropolitana

Inaugurata nel 1904, la metropolitana di New York si chiama *subway* (New York City Subway della MTA, Metropolitan Transportation Authority) ed è in funzione 24 ore su 24 anche se di notte non tutte le stazioni sono operative. Se passate dalla metro al bus, potete utilizzare lo stesso biglietto, l'importante è che la coincidenza avvenga entro 18 minuti dalla prima convalida. Non ci sono "zone" come in altre grandi città dove il biglietto ha un'altra tariffa e costa di più o di meno. Il biglietto della metro vale su tutta l'area coperta dalla rete della metropolitana. Varie mappe in PDF della subway si possono scaricare a questo link 🔊 new.mta.info/maps.

La MetroCard si può acquistare nelle edicole o nelle stazioni della metropolitana alle macchinette automatiche. È una carta gialla e nera che ha la durata di un anno e può essere ricaricata nei distributori di tutte le stazioni. Si può acquistare o ricaricare sia con i contanti, sia con la carta di credito. Per acquistare una MetroCard nuova (del costo di 1 $), selezionate "Get new card" e seguite le istruzioni. Scegliete "Regular Metrocard", che è possibile ricaricare da 5,80 $ fino a 80 $. Riceverete un bonus dell'11%.

La stessa MetroCard può essere utilizzata fino a quattro persone. Se dovete fare poche corse è comunque conveniente avere una Metrocard invece di pagare ogni volta la singola corsa. Potete acquistare la "Unlimited Ride MetroCard" e il prezzo dell'abbonamento per corse illimitate per 7 giorni è di 34 $ (+1 $ per l'emissione della MetroCard).

Risulta conveniente per chi fa almeno 13 corse con la subway o con gli autobus nell'arco di una settimana. Pensate che anni fa per ogni corsa si infilava nel tornello un *token*, un gettone! Una modalità di pagamento introdotta da qualche anno è OMNY e consente di pagare metropolitana, autobus, AirTrain e altri mezzi pubblici della città senza dover acquistare la MetroCard, ma utilizzando la carta di credito o di debito in modalità contactless. I pannelli sono riconoscibili perché compare la scritta OMNY e l'indicazione "Tap here": appoggiate la vostra carta o lo smartphone o anche lo smartwatch collegato al sistema di pagamento. Saranno scalati in automatico i 2,90 $ della corsa.

La metropolitana di New York è attualmente sottoposta a lavori di ammodernamento ed espansione. Gli attuali progetti includono la Second Avenue Subway nella zona nord di Manhattan, la 7 Subway Extension nella zona ovest di Manhattan e il Fulton Street Transit Center.

Nel 2017 la Linea Q ha coperto l'Upper East Side. In questo modo le linee 4, 5 e 6 sulla verde lungo la Lexington Avenue – tra le più affollate della città – possono tirare un piccolo sospiro di sollievo.

Guida all'uso della metropolitana a NYC

Ogni linea della subway è identificata da un numero o da una lettera e da un colore. Il numero o la lettera indica la linea: il percorso che il treno compie da inizio a fine tratta.

Il colore indica il gruppo di linee, ovvero treni differenti che fanno per una buona parte del tragitto lo stesso percorso, ma che all'inizio e alla fine dello stesso si diramano per servire delle zone diverse. Se osservate le linee dello stesso colore, vedrete che alcune sono linee espresse, ovvero fermano solo in alcune stazioni e ne saltano altre, certe linee invece sono locali, cioè si fermano in tutte le stazioni.

Le linee 6 e 7 – ve ne accorgerete una volta a NY o davanti a una mappa – hanno sia l'icona circolare classica, sia una icona a forma di rombo: indica che si tratta di una linea addizionale per servire una tratta particolare del percorso.

Per destreggiarvi tra le 25 linee della subway, non chiamatele per colore, poiché vi riferireste a un gruppo di linee, bensì utilizzate i numeri o le lettere.

Come capire la direzione da prendere?

Le linee della subway di solito attraversano Manhattan da nord a sud e viceversa: quelli che vanno verso nord hanno direzione Uptown/Bronx, quelli che vanno verso sud Downtown/Brooklyn.

La maggior parte delle stazioni permette di raggiungere entrambe le banchine da ogni entrata. Ma alcune possono avere ingressi differenti per ogni direzione: a volte per l'altra direzione è sufficiente attraversare la strada.

Come capire se il treno che vogliamo prendere è locale o espresso e farà la fermata di cui abbiamo bisogno?

Intanto c'è il link al sito ufficiale MTA e cliccando sulle icone delle rispettive linee si può scoprire con facilità www.new.mta.info/maps/subway-line-maps.

Oppure una volta arrivati in stazione potete guardare sul tabellone segnaletico ai binari che indica il treno in arrivo: è sempre segnalato se si tratta di local o di express; ma anche la voce dello speaker che anticipa l'arrivo del treno (se conoscete l'inglese) annuncia se si tratta di un treno local o express; infine, appena arriva il treno, i tabelloni luminosi sulle fiancate dello stesso riportano sempre l'indicazione direzione, numero e local o express.

Di notte e nei fine settimana alcune linee non sono in servizio o che modificano il loro comportamento (per esempio da espresso a locale). Questo è il link alla mappa del fine settimana 🔗 www.new.mta.info/map/5256.

Per capire se un treno express ferma nella stazione in cui dobbiamo recarci, guardiamo sulla mappa se questa è segnata con un pallino nero o bianco: pallino nero fermano solo i treni con servizio locale, pallino bianco fermano sia i treni locali sia quelli espressi.

Taxi

Se non avete mai fermato un taxi alzando la mano a bordo strada, non siete mai state a New York. I taxi liberi hanno la luce accesa sul tettuccio e una corsa parte da 3 $; il sistema di calcolo della tariffa dei tassametri cresce a scatti di unità del valore di 0,50 $ l'una. Viene aggiunta una unità ogni quinto di miglio, se il taxi viaggia a una andatura di 6 miglia orarie o superiore. Oppure si aggiunge un'unità ogni 60 secondi nel caso in cui il veicolo su cui siete sia fermo o viaggi a una velocità inferiore a 6 miglia orarie. C'è un supplemento una tantum di 0,50 $ per le corse notturne (dalle 20.00 alle 6.00) e un supplemento di 1 $ per le corse nelle ore di punta dei giorni feriali, dal lunedì al venerdì dalle 16 alle 20. Si applica sempre la New York State Tax di 0,50 $ su ogni corsa. Il taxi è un servizio per cui bisogna lasciare una mancia del 20/25%.

All'interno, il taxi ha un visore in cui potete selezionare la mappa e seguire il vostro percorso in diretta. A Manhattan i taxi sono gialli (*yellow cab*). Fino a qualche anno fa c'erano i *boro* taxi, cioè quelli dei *boroughs*, ovvero degli altri distretti come Brooklyn,

Queens, Bronx, Staten Island e quelli a nord della 110th Street di Manhattan, sono di colore verde.

E i conducenti dei taxi non amavano mischiarsi nei territori, per cui capitava spesso che un taxi giallo declinasse il trasporto a Blooklyn. In realtà esiste una carta dei diritti di chi viaggia in taxi secondo la quale il passeggero ha diritto a viaggiare in tutti e cinque i distretti di NYC. E non dimenticate che potete anche chiedere un "radio free trip", ovvero un viaggio silenzioso, senza radio.

Uber e Lyft

Scaricate le rispettive app gratuite di Uber e Lyft prima di arrivare negli Stati Uniti e agganciate un metodo di pagamento (carta di credito o PayPal) perché questo passaggio a volte potrebbe non andare a buon fine se siete già negli States.

Uber e Lyft stanno quasi surclassando i taxi (tranne che a Manhattan, forse, perché, invece di essere raggiunti dal driver, tocca a voi spostarvi all'incrocio più vicino che vi sarà indicato al momento della prenotazione, così che il driver possa caricarvi più agevolmente). Potete scegliere Uber o Lyft anche per andare in aeroporto con i bagagli, è sufficiente scegliere l'opzione di cui avete bisogno. Ci sono differenze tra i due maggiori servizi di rete di trasporto degli Stati Uniti? Uber serve centinaia di città in decine di paesi, mentre Lyft opera – per ora almeno – solo negli Stati Uniti e in qualche città canadese. Uber consente di prenotare una corsa fino a 30 giorni di anticipo e Lyft con 7 giorni di anticipo. Potete prevedere il costo della corsa su entrambe le app e di solito sono molto simili.

Traghetti

Il mezzo preferito dai newyorkesi per evitare la metropolitana e passare comodamente da Midtown a Williamsburg o a DUMBO o viceversa, ma anche al Queens, è l'East River Ferry (www.eastriverferry.

com) che gestisce proprio un servizio dedicato ai pendolari durante tutto l'arco dell'anno.

Potete scaricare l'app gratuita *NY Waterway's* per verificare gli orari delle rotte, le connessioni con le fermate della metropolitana e tutti i servizi inclusi.

Il sito ufficiale è www.ferry.nyc/. Tutte le linee del NYC Ferry sono: ER/ East River che collega DUMBO e Williamsburg a Midtown Manhattan e al Financial District. SB/South Brooklyn che collega la punta sud di Brooklyn a Manhattan, passando per Governors Island. RW/Rockaway che effettua le fermate di Rockaway, Sunset Park, Pier 11 a Lower Manhattan. AST/Astoria che serve i quartieri del Queens affacciati sull'East River (Astoria, Long Island City) e Roosevelt Island. SV/Soundview che collega il Bronx e l'Upper East Side con Lower Manhattan. SG/St George che connette Staten Island con il lato ovest di Manhattan (è compreso il servizio bus fino a Midtown). Infine GI/Governos Island che collega il Pier 11 di Lower Manhattan con l'isola quando questa è aperta al pubblico, ovvero in primavera ed estate e il servizio è attivo nei fine settimana.

Per tutte le tratte, potete anche consultare la mappa a questo link images.ferry.nyc/wp-content/uploads/2022/10/07203134/System-Map_Winter-Map_Greenpoint_closed.jpg.

Potete consultare anche il sito della New York Waterway (www.nywaterway.com) per le informazioni sulle altre tratte: Hudson River Ferry e Belford Ferry. Il ticket del NYC Ferry è di 2,75 $ per il Single-Ride Ticket ovvero la singola corsa e di 27,50 $ per il 10-Trip Pass, cioè il pass valido per 10 giorni e utilizzabile su tutte le linee.

Tip: il consiglio è quello di passare sotto i ponti Manhattan e Brooklyn, facendo, così, una mini crociera sull'East River: salite a DUMBO e scendete a Williamsburg North o viceversa. Costeggerete lo skyline di Manhattan.

I New York Water Taxi (🔊 www.nywatertaxi.com)
sono imbarcazioni che offrono corse *hop on-hop off* tra
Manhattan e Brooklyn. Il costo è di 29 $ per l'intera giornata.

Bonus: in elicottero su Manhattan
Almeno una volta regalatevi un sorvolo di Manhattan
in elicottero. Il prezzo non è dei più economici, da circa 200 a 400 $.

Solo così ci si può rendere davvero conto di come
sia fatta la città, gustarsi i grattacieli dall'alto, il grande bacino verde di Central Park, i ponti di Brooklyn e
di Manhattan e la Statua della Libertà.

Al tramonto è il momento migliore sia per scattare
le foto sia perché le pareti dei grattacieli in vetro brillano. Prenotare in anticipo online fa risparmiare qualcosa.

Guardate su 🔊 www.viator.com/it-IT/New-York-City-tours/Helicopter-Tours. Potete scegliere anche il
volo Grand Island da circa mezz'ora da 330 $ a testa.

I tour in elicottero partono dal Downtown Heliport
al Pier 6.

Sicurezza a NYC

Bisogna sempre stare con le antenne ben dritte e gli
occhi aperti. Tutti i quartieri della città possono essere tranquilli, ma è utile essere sempre vigili per evitare situazioni spiacevoli: qualche persona che potrebbe infastidirvi in metropolitana per esempio. Non ce
l'hanno sicuramente con voi, ma con chiunque si trovino davanti. Nel caso in cui accadesse di imbattervi
in qualche personaggio un po' particolare, evitate di
fissarlo e con prudenza cambiate vagone della metropolitana. Se viaggiate a ore tarde o siete dirette a un
capolinea, cercate di non restare mai sole nella carrozza. Per farvi qualche risata e prepararvi all'atmosfera del sottosuolo newyorkese, potete seguire su Instagram il profilo @subwaycreatures.

0
5 KM
N
NEW YORK BOTANICAL GARDEN
Bronx
HARLEM
East River
UPPER WEST SIDE
CENTRAL PARK
TIMES SQUARE
EMPIRE STATE BUILDING (MIDTOWN)
UPPER EAST SIDE
HUDSON YARDS
ASTORIA
CHELSEA
ROOSEVELT ISLAND
AEROPORTO LAGUARDIA
5TH AVENUE
Manhattan
GREENWICH VILLAGE
Queens
SOHO
LONG ISLAND CITY
FREEDOM TOWER (GROUND ZERO)
LOWER EAST SIDE
GOVERNORS ISLAND
WILLIAMSBURG
Long Island
DUMBO
DUMBO
BROOKLYN BRIDGE
BUSHWICK
CARROLL GARDENS
AEROPORTO JOHN F. KENNEDY
PROSPECT PARK
RED HOOK
PARK SLOPE
Brooklyn
Staten Island
CONEY ISLAND
LONG BEACH
Lower Bay
Oceano Atlantico

City map
Distretti e quartieri

New York City, per i turisti, spesso coincide con Manhattan. Sono sinonimi. Nulla di più errato di così, ma per fortuna chi oggi arriva in città inizia a inserire nel proprio tour anche Brooklyn. A fare le cose per bene, bisogna dire che NYC è formata da cinque distretti: Manhattan, a nord il Bronx, a est Queens e a sud-est Brooklyn, a sud-ovest Staten Island.

Distretto di Manhattan

1. Lower Manhattan:
Wall Street e Financial District

Downtown Manhattan o Lower Manhattan è il luogo del primo insediamento in cui è nata la città di New York. La zona finanziaria, il lembo più a sud dell'isola di Manhattan, ha sempre destato l'interesse di chi si occupa di economia, essendo la sede del New York Stock Exchange, la Borsa. Qui si trova anche il Governo della città di New York e, se il vostro viaggio include un matrimonio oltreoceano come nel mio caso, gli uffici del City Clerk sono proprio a due passi da Chinatown e dalla salita al Ponte di Brooklyn.

Potete osservare le intense attività del Financial District nell'orario d'ufficio. E, se volete fare affari d'oro al Century 21 (22 Cortlandt St, www.c21stores.com), programmate la visita subito in aperura alle 9 di mattina nei giorni feriali.

Quest'area della città è entrata nei cuori di tutti dopo la tragedia dell'11 settembre 2001, il giorno degli attentati terroristici alle Twin Towers. Oggi qui sorge il 9/11 Memorial, il parco in cui si trovano le due fontane il cui perimetro coincide con quello delle Torri Gemelle. A dominare dall'alto dei suoi oltre 540 metri è il settimo grattacielo più alto del mondo, One World Trade Center, ma i newyorkesi lo chiamano "Freedom Tower". Da visitare, qui, il nuovo centro commerciale e d'affari alle spalle di Battery Park, il Brookfield Place, con la sua ampia vetrata che ricorda un giardino d'inverno con le palme e che si affaccia sul fiume Hudson e l'Oculus di Calatrava.

Come arrivare:
◎ a Battery Park: linea 1, West Side, stazione South Ferry, linee 4 e 5 (East Side) fermata Bowling Green. Linee N e R alla fermata Whitehall Street.
◎ alla "Freedom Tower": le stazioni della metro più vicine per il 285 di Fulton Street sono Cortland Street sulla linea 1, sulla N e sulla R; Park Place sulle linee 2 e 3; World Trade Center sulla E. Potete anche scendere a Fulton Street sulle linee 4 e 5.
◎ a Wall Street: metro linee 2, 3, 4, 5 fermata Wall Street.

2. Il Village e Lower Manhattan
Greenwich Village e East Village (con Soho, Noho, NoLita e Tribeca)

Di solito con "Village" si indica il Greenwich Village, la zona ovest sopra l'ex Little Italy e il distretto finanziario, insomma, il West Village. In queste pagine con "Village" s'intende tutta la zona, da ovest a est, che va da sponda a sponda: dal fiume Hudson all'East River. Con il generico termine "Village" comprendiamo anche l'East Village. Questo può essere più semplice per capire com'è strutturata l'isola di Manhattan per chi la conosce poco. Usiamo alcune grandi direttrici per comprendere un po' di più del Village e di Lower Manhattan: la parte ovest e l'area est sono separate dalla Bowery, che dopo Astor Place diventa la 4th Avenue. Lower Manhattan (a ovest possiamo prendere come riferimento NoLita e Soho) è separata dal Greenwich Village dalla West Houston. L'East Village e il LES, il Lower East Side, hanno l'ideale confine in East Houston St.

Chi predilige il Village e Lower Manhattan, è alla ricerca di atmosfere più autentiche, di passeggiate più tranquille e di strade con i nomi e non solo numerate.

Greenwich Village

Greenwich Village – che si pronuncia *grènic* e non *grìnuic* – è ancora compresa, a grandi linee, tra Houston Street e la 14a Strada e dalla Broadway al fiume Hudson. Nell'immaginario, Greenwich Village è quello che si collega immediatamente ai caffè letterari, ai fumosi jazz club, quello in cui si respira l'aria europea al di là dell'Oceano. Ed è in queste strade che sono passati Bob Dylan, Edgar Allan Poe, Jack Kerouac e Jimi Hendrix. I grattacieli lasciano il posto a edifici a misura d'uomo, a ingressi con gli scalini, ai *basement*, a piccoli giardini o cortili e le strade hanno una struttura irregolare e non a griglia.

Il cuore del Greenwich è **Washington Square Park**, la piazza circondata dagli edifici della prestigiosa New York University. Il confine orientale del Greenwich è segnato dalla Broadway che qui a sud non è il viale dei teatri che conosciamo a Midtown, ma una strada dedicata a librerie e ristoranti, molto più vissuta, meno caotica e più genuina. Una delle strade principali del Greenwich Village è **Bleecker Street**, in cui si trova tutto ciò che si desidera in tema di *food* e non mancano alcuni indirizzi alla moda. Per chi ama i locali notturni, questo è l'indirizzo giusto.

Oggi, passeggiando per le strade del Village, si trovano numerose aree nelle quali sono stati smantellati vecchi edifici e altri sono in continua costruzione. Manhattan, infatti, essendo un'isola, non ha uno spazio infinito in cui continuare a espandersi e, dove ancora non si costruisce verso l'alto, si rende necessario radere al suolo vecchie aree della città. Sparisce un po' di storia e nascono nuovi quartieri con prezzi che salgono alle stelle. Così ci sono Soho, South of Houston Street, Noho, North of Houston Street, NoLita, North of Little Italy, Tribeca, Triangle Below Canal Street.

Soho

Soho è anche chiamato "quartiere della ghisa", *cast iron district*: la maggior parte delle case, tra cui alcune che hanno la fattezza di grandi caserme, derivano da un passato industriale e sono realizzate in ghisa, con le scale antincendio sulle facciate. Sono numerose le celebrità dello star system che hanno scelto di vivere qui. Le strade di Soho, racchiuse nel quadrilatero formato da Canal St, Ave of the Americas, W Houston St e Crosby St, sono quelle delle boutique delle grandi firme, ma senza quel non so che di affettato che trovereste sulla Quinta Avenue; ci sono tanti indirizzi di stilisti emergenti e di negozi vintage. Soho è anche zona di artisti che, dopo il periodo industriale, hanno occupato i vecchi capannoni e le case dismesse per aprire gallerie d'arte. Tra queste la **Franklin Bowles Gallery** (431 West Broadway, www.franklinbowlesgallery.com), che ospita opere di Chagall, Matisse, Miró e Rembrandt; il **Drawing Center** (35 Wooster St, www.drawingcenter.org), che è un centro espositivo che si occupa solo di disegni, tra cui alcune opere di Michelangelo, Duchamp e Turner; e, ancora, **New York Earth Room** (141 Wooster St, www.earthroom.org) dell'artista Walter De Maria, scomparso nel 2013.

Altre gallerie interessanti in zona sono **Louis K. Meisel Gallery** (141 Prince St, www.meiselgallery.com), **LUMAS** (474 W Broadway, www.lumas.

com) che è specializzata in fotografia dalla sua apertura nel novembre del 2006, **Color Factory NYC** (251 Spring St, www.colorfactory.co), **Eden Gallery** (470 Broome St, www.eden-gallery.com), **Ronald Feldman Gallery** (31 Mercer St, feldmangallery.com), **Park West Gallery New York Soho NYC** (411 W broadway, www.parkwestgallery.com), **Galeries Bartoux New York** (114 Wooster St, www.galeries-bartoux.com), **Jeffrey Deitch** (18 Wooster St, www.deitch.com), **Brooke Alexander Gallery** (59 Wooster St), **Russeck Gallery** (478 W Broadway), **Allouche Gallery** (77 Mercer St, www.allouchegallery.com), **Martin Lawrence Galleries** (457 W Broadway, martinlawrence.com), **Gallery Max New York** (552 Broadway, www.gallerymaxny.com), **P·P·O·W Gallery** (392 Broadway, www.ppowgallery.com).

Le strade da non perdere sono Wooster St, Greene St, Mercer St: tre parallele che sono chiuse a ovest da West Broadway e a est dalla Broadway. A percorrere a piedi una di queste strade, vi ritrovate nel cuore del Village, perché, attraversata la West Houston, incrociano Bleecker St.

Tribeca

Significa "triangolo sotto Canal Street" da TRiangle BElow CAnal. Strade con ciottoli, belle case, caffè all'ultima moda, è il quartiere dei vip e del famoso TriBeCa Film Festival che si svolge tra fine aprile e inizio maggio. Qui hanno o hanno avuto un appartamento Leonardo Di Caprio, Julia Roberts, Robert de Niro, Taylor Swift, Beyoncé, Mariah Carey. Tribeca ha visto il suo successo immobiliare dalla fine degli anni Ottanta quando la già amata Soho era diventata troppo costosa; oggi, a sua volta, è uno dei quartieri più cari di Manhattan.

I confini di Tribeca sono: a sud Vesey St, subito sopra il World Trade Center e Brookfield Place, poi l'Undicesima Ave a est, Canal Street a nord, la Broadway a est, ovvero siamo a sud di Soho.

Tra le curiosità da annotarsi il **Mmuseumm** (4 Cortlandt Alley, 🔊 www.mmuseumm.com), che può essere definito un minuscolo museo dedicato alla storia naturale nello stile "Object Journalism" e in cui viene tracciato un parallelismo con il vecchio modello di Wunderkammer o gabinetto delle meraviglie e delle curiosità. Ma la cosa straordinaria è che Mmuseumm si trova in un vicolo all'interno di un ascensore per carico merci.

È aperto solo nel fine settimana, ma sul sito ufficiale ci sono tutte le informazioni utili. Segnate anche l'indirizzo **14 North Moore St** all'incrocio con Varick St poiché qui si trova la caserma dei Vigili dei Fuoco operativa tra le più antiche della città e i suoi uomini hanno partecipato tra i primi ai soccorsi in seguito agli attacchi terroristici dell'11 settembre. Ma molti riconosceranno in questa caserma quella del film *Ghostbuster - Acchiappafantasmi*.

NoLita

Negozi eleganti, caffè con i tavolini in strada, ristoranti chic, gallerie di designer. È uno dei quartieri più trendy di Manhattan.

Qui sembra sia facile trovare anche un buon espresso (forse perché il nome significa "a nord di Little Italy", NOrth of Little ITAly), poi proseguite il vostro giro in libreria e lungo Elizabeth Street. Nel weekend passate da Prince Street per il mercatino.

NoLita confina a nord con Houston St, a est con Bowery St ("the Bowery"), a sud con Broome St e a ovest con Lafayette St. A lungo era un tutt'uno con Little Italy, il quartiere italoamericano di cui ora restano giusto un paio di strade. È da inizio anni Novanta che ha iniziato a somigliare a Soho.

Tra gli indirizzi più curiosi da non perdere c'è la **St Patrick's Old Cathedral**, vecchia sede dell'arcidiocesi di New York, in cui è stata girata la scena del battesimo del film *Il padrino*. Si trova al 263 di Mulberry St.

East Village e Lower East Side

Quando il Greenwich divenne un quartiere alla moda, gli artisti nei primi anni Ottanta lo abbandonarono per spostarsi a est, nell'East Village. A NYC i traslochi non si fermano mai.

Usate Houston Street come riferimento: quando si chiama West Houston siete nel West Village, quando prende il nome di East Houston, siete sbarcati nell'East Village. Camminate ora verso est ed eccovi davvero nell'East Village, dove l'Ottava Avenue prende il nome di St Mark's Place. Percorretela tutta da Astor Place a Tompkins Square Park, una bella radura verde nel cuore dell'East Village, e vi renderete conto che, all'improvviso, vi trovate sbalzati negli anni Settanta, tra graffiti che coprono i muri di mattoni, tatuatori, parrucchieri, negozi di abbigliamento in pelle. È facile che i vostri passi si incrocino con quelli di qualche punk sopravvissuto fino ai nostri giorni.

L'East Village conserva da alcuni decenni una forte presenza controculturale e un melting pot che hanno permesso fino a oggi di resistere alla gentrificazione, ovvero alla ristrutturazione dell'area a favore di negozi e ristoranti alla moda, nuove abitazioni, gallerie d'arte di lusso. Tompkins Square Park è conosciuto per alcuni incidenti, tra cui quello dell'agosto del 1988, quando la polizia si scontrò – dopo l'annuncio di una sorta di coprifuoco al parco pubblico – con radical, anarchici, punk, skin che si erano radunati per dimostrare. Tutto questo si trasformò in una rivolta che richiamò nei giorni seguenti anche rinforzi antirivolta ed elicotteri.

Qui le strade sono di nuovo numerate e la vita inizia tardi, rispetto a Midtown dove già alle 6 del mattino è tutto un via vai di persone che corrono verso gli uffici con il caffè da asporto in mano. Superata la Seconda Avenue cambia ancora il paesaggio, ma sono pochi i turisti che hanno tempo e voglia per spingersi sino qui. Siamo nella parte settentrionale del Lower East Side: Loisaida, Alphabeth City. Dopo la Prima Avenue i viali diventano Avenue A, B, C, D.

Nell'East Village c'è un piccolo tesoro che di solito passa inosservato ai visitatori distratti, come non siamo noi. Questa è la zona dei giardini segreti: fazzoletti di terra, di solito lunghi e stretti, che si inseriscono tra due caseggiati e riparati da alti muri. Sono chiusi da un recinto, ma si riesce comunque a sbirciare al di là. Nel fine settimana si aprono alla vita del quartiere: per una lettura nel verde, per una partita a bocce, a scacchi o a carte. Questi giardini portano nomi pittoreschi come Secret Garden, Brisas del Caribe Garden, Parque de Tranquilidad, Orchard Alley, All People's Garden, Le Petit Versailles, e si trovano per la maggior parte nella zona di Alphabeth City. Di solito sono lasciati crescere selvatici, si aggiunge solo qualche bulbo per donare colore. Qui non c'è mai qualcuno che falcia l'erba, è più facile trovare chi disegna un murale su una parete divisoria. Sono i ***community gardens*** e sono nati alla fine degli anni Settanta, quando il movimento ambientalista cercò di riappropriarsi di questi spazi degradati lanciando le pacifiche *seeds bombs*, palloncini colmi di terra e semi da gettare al di là delle recinzioni sperando che attecchissero. Il primo giardino creato così e che ancora sopravvive è il **Liz Christy Garden**, tra la Houston e la Bowery. Scendete a 2nd Avenue, linea F. Potete poi fermarvi a mangiare qualcosa da Katz's o da Russ & Daughters. A pochi passi inizia anche il lunghissimo Sara D. Roosevelt Park che taglia l'East Village verso sud, aprendosi la strada verso Chinatown e quel poco che resta di Little Italy.

Se volete vedere ancora qualcosa che ricordi i fasti degli italiani a New York, dovete passeggiare per Mulberry Street nel periodo in cui si festeggia San Gennaro, intorno alla metà di settembre, per circa una settimana. Ma con le sorprese non è finita perché a Chinatown nel 2007, dopo un importante restauro, è stata riaperta una straordinaria sinagoga risalente al 1887 fondata dalla prima congregazione ebrea russa in America: oggi ospita il **Museum at Eldridge Street** dedicato alla storia degli immigrati ebrei (🔊 www.eldridgestreet.org, 12 Eldridge St).

Come arrivare:
◎ al Greenwich Village: metro linee N, R stazione 8th Street - NYU. Linee A, B, C, D, F, M fermata W 4th Street.
◎ a Soho: metro linee A, C, E fermata Spring Street. Linee 1, 2 fermata Houston Street; linee N, R stazione di Prince Street.
◎ a Tribeca: metro linee 1, 2, N, R, fermata Canal Street.
◎ all'East Village: alcuni punti interessanti per iniziare la visita sono in Canal Street, che si raggiunge con le linee 4, 6, J, N, Q, Z.

3. Chelsea e il Meatpacking

Chelsea

Là, lungo la 14a Strada, dove finisce il Greenwich Village, il testimone passa a Chelsea. Il quartiere è "chiuso" a sud dalla 14th Street, a ovest dalla strada che costeggia il fiume Hudson (prima la 11th Avenue, poi l'isola si allarga e diventa la 12th Avenue), a nord dalla 34a West fino a Herald Square, la grande piazza in cui si trova Macy's. A est il confine è la 6th Avenue, chiamata anche Ave of the Americas, o la Broadway. C'è chi individua il confine nord con la 29th Street, ma i quartieri di New York sono liquidi e spesso alcune zone si pestano un po' i piedi.

I tre punti di riferimento da non perdere a Chelsea sono l'**High Line**, il **Chelsea Market** e il **Chelsea Hotel**. L'High Line è il parco sopraelevato creato su una ferrovia dismessa, il Chelsea Market è un grande *food court* ricavato dall'ex fabbrica dei biscotti "Oreo". Il Chelsea Hotel è stato la casa di Patti Smith, Charles Bukowski, Bob Dylan. L'indirizzo: 222 W 23rd Street.

Proprio di fronte al Chelsea Market, tra il Pier 53 a sud e il più conosciuto Pier 57 a nord (è un parco con numerose offerte gastronomiche), sull'Hudson galleggia da qualche anno l'avveniristica **Little Island**.

Si affaccia sia su Manhattan, sia sul New Jersey ed è costruita su una struttura appoggiata, tipo palafitta, su 132 colonne di cemento a forma di tulipano, e si raggiunge attraverso due passerelle. Fa parte dell'ampio **Hudson River Park** che si estende per più di 4 miglia lungo il lato ovest di Manhattan ed è sorto dalla riqualificazione della zona costiera della città lungo il fiume Hudson e di tutti i suoi moli. Se state visitando la High Line e volete fare una deviazione per curiosare attraverso il parco di Little Island, potete scendere le scale all'altezza della 14th St.

Sull'isolotto, oltre a 350 specie di piante e fiori, si trova un anfiteatro scoperto da circa 700 posti dove sono organizzati concerti e opere teatrali. Little Island ha accesso libero e gratuito ma per ogni aggiornamento si può consultare il sito littleisland.org. Il parco è accessibile alle persone con disabilità.

Nel cuore di Chelsea si trova il rione più profumato della città, il **Flower District**, lungo la 28th Street. Siamo a pochi isolati da Herald Square e la 28a Strada qui si colora di fiori, piante, articoli da giardinaggio. Vale la pena entrare nei negozi in cui si trova davvero di tutto: dalle piante rare e tropicali all'arredamento shabby chic. I venditori si sono trasferiti dai moli dell'East River, più a nord, in questa zona nel 1890 per avvicinarsi a una clientela più abbiente. Il quartier generale del Flower District è rappresentato dall'Associated Cut Flowers, aperto da oltre cinquant'anni al 133 West della 28a Strada (www.associatedcutflowers.com).

Meatpacking District

Il quartiere del Meatpacking si trova appena a sud di Chelsea e potrebbe quasi farne parte. L'High Line parte proprio da qui, dalla bella Gansevoort Street in cui dal 2015 si trova il **Whitney Museum of American Art**. Molte lo ricorderanno perché è la zona in cui Samantha Jones di *Sex and the City* va a vivere dopo aver lasciato l'Upper East Side nella terza stagione della serie. I loft del Meatpacking raggiungono in breve tempo quotazioni da capogiro e il quartiere all'improvviso si ripulisce dalla prostituzione.

Il Meatpacking prende il nome dagli stabilimenti di lavorazione della carne: la "macelleria di New York". E qualche negozio di macelleria ancora sopravvive ma, appena cala la sera, le strade si trasformano e, invase da modelle, star e influencer, si aprono le porte dei ristoranti alla moda e dei club esclusivi.

Il Meatpacking è uno dei quartieri di Manhattan che ho più visto trasformarsi negli ultimi vent'anni, sia a livello architettonico sia artistico. Pensate che nel XIX secolo qui si trovava la quasi totalità degli stabilimenti di macellazione e lavorazione della carne sembra impossibile, visto che oggi è uno dei quartieri più esclusivi della Grande Mela. Fa quasi sorridere il fatto che su Gansevoort St si possono contemporaneamente acquistare tagli di carne e scarpe e vestiti all'ultima moda: forse unico spot di Manhattan in cui è possibile farlo.

Come arrivare:
- ◉ a Chelsea: metro linee 1, C, E fermata 23rd Street.
- ◉ a Meatpacking District: linee A, C, E stazione 14th Street. Oppure linea L, fermata 8th Avenue.

4. Midtown

Il cuore pulsante di Midtown a ogni ora del giorno e della notte è **Times Square**. È qui che i visitatori preferiscono soggiornare perché ci si può spostare a nord e a sud in breve tempo. Luci, suoni, clacson, sirene, negozi con la musica troppo alta aperti fino alle due del mattino, individui curiosi che suonano la chitarra vestiti solo con un paio di slip, gruppi di manifestanti che non si sa mai contro chi stiano protestando, maxi schermi a led con pubblicità animate e digitali, catene delle marche di abbigliamento più popolari del mondo. Questo, che piaccia o meno, è l'ombelico di Manhattan.

Per chi non vi ha mai messo piede, arrivarci appena sbarcati a NYC può essere quasi uno shock, ma, per quanto Times Square sia pacchiana, per certi versi anche vecchia, decadente, di certo eccessiva, c'è qualcosa che affascina e di solito non si riesce a fare a meno di passarci.

Più che una piazza, è uno dei più grandi incroci di Manhattan: all'intersezione tra la Broadway e la Seventh Avenue, si estende dalla 42nd West Street alla 47th West Street. Times Square comprende gli isolati tra la 6th Avenue e la 8th Avenue e tra la 40th West Street e la 53rd West Street.

Ma Midtown non si esaurisce di sicuro con Times Square: è l'area più grande di NYC e si visita bene a piedi, perciò nel programma di viaggio è opportuno girarla un pezzo alla volta. È a Midtown che il verticalismo della Grande Mela offre il meglio di sé: la città, qui, tende verso il cielo con i suoi *skyscrapers*, che appunto significa *grattatori del cielo*, e i diversi stili architettonici convivono uno accanto all'altro. Neogotico, art déco, post-moderno.

Una passeggiata lungo la Fifth Avenue mette a dura prova la cervicale dei visitatori e crea quasi un senso di vertigine. È a Midtown che svettano il **Chrysler Building** con i doccioni art déco, la **Bank of America Tower**, l'**Empire State Building**, il **New York Times Building**, il **Time Life Building**, il **Rockefeller Center**, il **Lipstick Building**, la **Hearst Tower** con i suoi vetri a griglia, la **Lever House** lungo Park Avenue, il **City Group Center** che poggia su un piedistallo come se fosse una moderna palafitta e si distingue per il tetto semipiramidale, e poi il perfetto **Seagram Building**.

E nel 2020 è stato completato **One Vanderbilt**, che sorge nei pressi del Grand Central Terminal: con la guglia arriva a 427 metri di altezza e diventa il quarto edificio più alto della città (dopo il 111 West 57th Street o chiamato anche **Steunway Tower** poiché la nuova struttura del grattacielo incorpora alla base lo storico **Steinway Building** del 1925 – che è alto in totale 429 metri – poi al secondo posto la **Central Park Tower** di 472,40 metri e al primo posto il **One World Trade Center** di 541 metri). Tra la 5th Avenue e la 6th Avenue, lungo la 47th Street, si trova il **Diamond District** che prende il nome dalla preziosa categoria merceologica esposta nelle vetrine scintillanti. A delimitare il quartiere ci pensano quattro lampioni a forma di diamante. Anche se siamo in una selva di grattacieli (e non per niente ci si riferisce a Midtown come alla *jungle*, la giungla, di NYC), anche l'area più cementificata e in verticale dell'isola ha il suo parco ed è molto amato dai newyorkesi, **Bryant Park**. Siamo nel cuore della città più frenetica al mondo, eppure Bryant Park è un respiro da fare a pieni polmoni sia per chi ci vive, sia per i visitatori.

Della vasta area di Midtown Manhattan che, a grandi linee, è inclusa tra la 34th e la 59th Street, ovvero il confine sud di Central Park, fanno parte Union Square, Gramercy Park, il Flatiron Building e Madison Square Garden. **Union Square** regala uno spaccato della città perché è il giardino più cosmopolita e amato dai newyorkesi. Tutti insieme nello stesso spazio pubblico: fannulloni, punkabbestia, ragazzi sullo skateboard, dirigenti in giacca e cravatta nella pausa pranzo, giocatori di scacchi. È in questa piazza che tutto raccoglie che negli anni Sessanta Andy Warhol trasferì la sua Factory e si può ancora individuare al sesto piano del Decker Building, al numero 33 di Union Square West. Da vedere il *Metronome*, sul lato sud-est della piazza, che rappresenta il passaggio del tempo: l'orologio digitale con quattordici cifre che devono essere divise in due gruppi di sette, le prime a sinistra indicano l'ora esatta in ore, minuti, secondi e decimi di secondo, le sette cifre da destra lette in senso contrario rappresentano il tempo che manca alla fine della giornata.

È nel Flatiron District che si alza, compatto e possente, il **Flatiron Building**, il grande ferro da stiro di Manhattan. La sua forma triangolare disegna l'incrocio tra la Fifth Avenue e Broadway e i suoi 87 piani di uffici stanno per diventare residenziali. L'edificio costruito nel 1902 su progetto dell'architetto di Chicago Daniel Burnham in stile Beaux-Arts è una delle icone della Grande Mela e si affaccia su Madison Square Park, un giardino che fa da piccolo polmone agli uffici della zona e che è subito preso d'assalto in pausa pranzo con il primo sole di primavera o in una tiepida giornata d'inverno. Da non dimenticare, appena più a est rispetto al Flatiron District, la quiete del quartiere chiamato **Gramercy Park**, all'estremità meridionale della Lexington Avenue.

All'estremità occidentale di Midtown Manhattan si trova **Hell's Kitchen**: a ovest della 8th Avenue, tra la 34th Street e la 59th Street. Hell's Kitchen, letteralmente *cucina dell'inferno*, è uno di quei quartieri strappati alla vita operaia e trasformati in mete alla moda: è conosciuto anche come "Clinton" o "Midtown West", ma anche "Far West Side".

La via dei ristoranti è la Ninth Avenue. I due centri principali per i mezzi di trasporto sono Port Authority Bus Terminal e Penn Station e, anche per questo motivo, è un quartiere apprezzato dai visitatori perché si trovano molte offerte di hotel a prezzi interessanti. Dal punto di vista culturale, Hell's Kitchen è la culla dei teatri alternativi e spettacoli off-Broadway. Molti piccoli teatri sono dislocati lungo l'Ottava Avenue tra la 43a e la 44a Strada.

Come arrivare:

- ◉ a Times Square: linee 1, 2, 3, 7, N, Q, R fermata 42nd Street-Times Square.
- ◉ a Bryant Park: linee B, D, F, M fermata 42nd-Bryant Park, linea 7 stazione 5th Avenue.
- ◉ a Grand Central Terminal/Chrysler Building: linee 4, 5, 6 e S fermata 42nd Street-Grand Central, linea 7 stazione Grand Central.
- ◉ all'Empire State Building: linee B, D, F, M fermata 34th Street-Herald Square.
- ◉ a Union Square: linee 4, 5, 6, N, Q, R stazione 14th Street-Union Square.
- ◉ a Flatiron District: linee F, M, N, R fermata 23rd Street.
- ◉ a Gramercy Park: linee 4 e 6 fermata 23rd Street.
- ◉ a Hell's Kitchen: linee A, C ed E fermate 34th Street-Penn Station e 42th Street-Port Authority Bus Terminal.

5. Hudson Yards

È stato un grande "buco" nel West End, alla fine della High Line, non lontano da Penn Station e da Hell's Kitchen. Avrebbe dovuto essere la sede di uno stadio, il cui progetto è stato poi considerato troppo costoso, e dopo vari tentennamenti ecco che è sorto un nuovo quartiere ricco, molto ricco, che si affaccia sull'Hudson River e sul New Jersey.

Si chiama Hudson Yards e l'architettura che più attira newyorkesi e turisti è **The Vessel**, un edificio alto 46 metri e composta solo da scale e piattaforme in acciaio riflettente. Le scale sono 154, 2.500 i gradini, 15 i piani, 80 le piattaforme panoramiche e un ascensore permette la salita e discesa anche di anziani e disabili. L'opera realizzata dallo studio di Thomas Heatherwick aveva raggiunto il triste primato di quattro suicidi, per cui è rimasta chiusa a lungo. Ma in questo periodo (ottobre 2024) si stanno ultimando i lavori per riaprire alle visite la struttura in sicurezza con gli ultimi piani chiusi e gli altri limitati con una rete metallica che non inficiano la bellezza del Vessel. Per essere informati il consiglio è di controllare il sito ufficiale www.hudsonyardsnewyork.com/discover/vessel. Ad Hudson Yards c'è l'enorme complesso per fare acquisti che si chiama **The Shops** con, al piano terra, **Mercado Little Spain**, una specie di Eataly spagnola con quindici stazioni ricche di ogni prelibatezza, aperto tutti i giorni dalle 11 alle 22. **30 Hudson Yards** (nota anche come **North Tower** e progettata da Kohn Pedersen Fox) è un grattacielo che raggiunge l'altezza di 387 metri e ospita uno dei punti panoramici più interessanti di New York City: **The Edge**. Insieme a **The Summin, The Edge Observation Deck** è l'altro nuovo punto di osservazione di Manhattan da non perdere: si protende per circa 25 metri nel vuoto al 100esimo piano del grattacielo e sembra di galleggiare su Manhattan (www.edgenyc.com/it). Insomma, The Edge Observation Deck è la nuova attrazione di NYC. Nel complesso di Hudson Yards (www.hudsonyardsnewyork.com) si trova anche un'architettura che ha la forma di un gigantesco cubo. Si chiama **The Shed** (545 W 30th St) ed è un centro culturale che si dedica a promuovere le arti dello spettacolo, quelle visive e più in generale la cultura pop. Ha un capannone retrattile, *shed*, che crea uno spazio, MC Court, per ospitare fino a 3.950 spettatori.

Come arrivare:

◎ Hudson Yards è servita dall'omonima fermata metro, capolinea della linea 7.

6. Central Park e Uptown

Il lusso di Manhattan un tempo si concentrava nell'Upper della città, la zona più a nord del distretto, prima di Harlem, nelle strade che si trovano ai lati di Central Park. Oggi ci sono anche altri quartieri che strappano questo primato ad Upper Manhattan, ma l'eleganza di queste zone affacciate su Central Park è indiscutibile. A sua volta l'Upper si divide in Upper West Side e Upper East Side, ed è soprattutto quest'ultimo, in particolare l'area compresa tra la 60th St e la 86th St tra Park Avenue e la Fifth Avenue, a raccogliere tutto ciò che di più lussuoso si trova in città.

L'Upper East Side è anche noto come "One Museum Mile": il miglio dei musei è il tratto della Quinta compreso tra la 82a e la 105a Strada, che costeggia Central Park. È qui che si trovano le migliori collezioni d'arte, storia, design e cultura internazionale della città (tra parentesi sono segnate le varie strade che si intersecano con la Fifth Avenue): il MET, ovvero il **Metropolitan Museum of Art** (81st o 82nd, www.metmuseum.org), **Neue Galerie New York** (86th, www.neuegalerie.org), il **Solomon R. Guggenheim Museum** (89th, www.guggenheim.org), **National Academy Museum and School of Fine Arts** (90th, www.nationalacademy.org), **Cooper-Hewitt Smithsonian Design Museum** (91st, www.cooperhewitt.org), **Jewish Museum** (92nd, www.thejewishmuseum.org), **Museum of the City of New York** (103rd, www.mcny.org), **El Museo del Barrio** (105th, www.elmuseo.org), **Museum for African Art o The Africa Center** (110th, www.theafricacenter.org). A questi più noti si aggiungono: **Asia Society New York** (84th St, www.asiasociety.org/new-york), **Church of the Heavenly Rest** (90th St), **New York Academy of Medicine Library** (102nd St, www.nyam.org/library/). Il **Goethe Institut**, invece, se lo cercate qui, sappiate che si è spostato al civico 30 di Irving Place (www.goethe.de).

A separare le due parti dell'Upper di Manhattan è Central Park, 341 ettari di verde e una lunghezza di 2,6 miglia - circa 4,2 chilometri - che è quasi impossibile pensare di visitare in un giorno solo. Potete noleggiare una bicicletta, organizzare un picnic, passeggiare sotto le fronde degli alberi in fiore, partecipare a una lezione di gruppo di tango, fare yoga o jogging, farvi trasportare da una carrozza a cavallo o da un risciò, cercare la statua di *Alice nel Paese delle Meraviglie*, prendere a noleggio una barca e aspettare il tramonto. Se posso aggiungere la mia, vi sconsiglio la carrozza trainata dai cavalli perché le "botticelle" come si chiamano a Roma sono un sopruso verso gli animali e possiamo anche farne a meno, nonostante abbiamo visto utilizzarla in numerosi film e serie tv.

Central Park, da discarica di rifiuti e terreno paludoso occupato da allevamenti di maiali, è stato trasformato nel grande polmone verde della città in oltre vent'anni, nella seconda metà dell'Ottocento, grazie a una complessa opera ingegneristica. Il parco pubblico più grande di Manhattan ha vissuto periodi bui, durante i quali si stava di nuovo trasformando in immondezzaio e luogo di spaccio e di violenze. Oggi, nel suo splendore, è molto amato dai newyorkesi come dai turisti. Sono presenti 55 ettari di bosco, 24.000 alberi, 21 parchi giochi, sette tra stagni e laghi.

Central Park si estende, da sud a nord, dalla 59th St alla 110th St. Si può accedere tutti i giorni dalle 6 all'una del mattino.

❯ **Gapstow Bridge** nell'angolo sud-est del parco all'altezza della 62a si trova questo piccolo ponte in pietra rustica in gran parte coperto di viti. A sud c'è la sorprendente vista dello skyline di Manhattan, a ovest la collina boscosa dell'Hallett Nature Sanctuary e, a nord, il Wollman Rink dove nei mesi più freddi si può andare a pattinare. L'attuale ponte è stato costruito nel 1896 ed è andato a sostituirne uno in ghisa.

❯ **The Carousel** si trova al centro del parco all'altezza della 65a ed è una delle attrazioni che piacciono di più ai bambini. La giostra risale al 1908, ma fu installata qui nel '51. Si tratta di un esemplare storico ed è protetta da una struttura che permette di utilizzarla anche con il maltempo. È composta da 57 cavalli e due carri che "galoppano" al ritmo della musica suonata da un organo meccanico. La prima giostra, all'epoca, era alimentata da un grande mulo che spostava il meccanismo.

> **Sheep Meadows/The Mall** all'altezza della 66th St è la vasta distesa verde che un tempo era destinata – lo dice anche il nome – al pascolo delle pecore. A poca distanza si trova il lungo viale The Mall con gli olmi americani che sono uno spettacolo per gli occhi e per i fotografi durante il foliage autunnale. Qui si trova anche la Literary Walk, dedicata ai grandi scrittori, non solo americani. Sempre in quest'area c'è il monumento alle pionere dei diritti delle donne, Women's Rights Pioneers Monument.

> **Wisteria Pergola at the Mall** si trova sempre lungo il viale alberato, ma si apprezza nei mesi primaverili, quando è in fiore. È un lungo traliccio di legno (70th St) su cui si arrampicano le piante di glicini che, quando sono fiorite, fanno ombra alle panchine sottostanti.

> **Naumburg Bandshell** si trova a pochi passi di distanza (71th St) ed è una sala concerti all'aperto, sempre lungo The Mall. Fu costruito nel 1923 e da allora ha ospitato centinaia di spettacoli, tra cui musical classica, jazz e rock. Il Bandshell è l'unico edificio neoclassico del parco, che è quasi tutto in stile vittoriano.

> **Balto Statue** è uno dei monumenti più amati a Central Park e si trova nella zona est all'altezza di 67th St. Il cane Balto divenne famoso in seguito a un epico viaggio attraverso l'Alaska nel 1925. La sua storia si può leggere qui www.central-parknyc.org/locations/balto-statue.
> **Curiosità**: Togo, un altro cane da slitta che ha contribuito al soccorso durante la famosa missione di salvataggio in Alaska, ha una sua statua in bronzo a Lower Manhattan in Seward Park.

❯ **Bethesda Terrace** si trova alla fine del viale alberato (72nd) e porta alla **Bethesda Fountain**. Sono due dei luoghi iconici di Central Park. La terrazza è stata progettata dall'architetto e co-progettista del parco Calvert Vaux con il suo assistente, Jacob Wrey Mould, responsabile degli intricati intagli sulla struttura a due piani della terrazza stessa, comprese le rampe, le balaustre e i pilastri che raffigurano le quattro stagioni e la notte e il giorno.

❯ **Cherry Hill** (72nd St) è una collina che prende il nome dagli alberi di ciliegio Yoshino rosa e bianchi che fioriscono in primavera. In cima alla collina si trova la Cherry Hill Fountain che un tempo era utilizzata per abbeverare i cavalli. Da quassù si può ammirare il grande lago.

❯ **Wagner Cove** (71st St) è situato in un'ansa nella parte più meridionale del Lake di Central Park. Per armonizzarsi con il paesaggio è stato costruito in legno in stile rustico e richiama altre architetture del parco. È un approdo per le barche e – oggi ricostruito – la sua origine risale al 1860. È un luogo molto amato per celebrare i matrimoni più semplici o ci si apparta per amoreggiare.

❯ **Strawberry Fields** è il memoriale dedicato al musicista e attivista per la pace John Lennon, assassinato a poche centinaia di metri da questo luogo, proprio davanti all'ingresso del palazzo in cui abitava. Si trova sul lato ovest del parco all'ingresso della 72nd St e il memoriale comprende il mosaico *Imagine* dove ogni giorno quasi in ogni momento della giornata c'è qualcuno che suona rendendo omaggio a Lennon. Il memoriale porta il nome della canzone del 1967 che Lennon scrisse ed eseguì con i Beatles *Strawberry Fields Forever*.

❯ **Bow Bridge** è il più famoso ponte di Central Park e si trova nel cuore del parco all'altezza della 74a. Grazie alla sua curva molto bassa e aggraziata che ricorda l'arco di un arciere o di un violinista, è considerato un capolavoro dell'architettura dell'epoca vittoriana. Di solito è il collegamento che da nord-ovest porta verso Bethesda Terrace. Qui di solito si fanno le proposte di matrimonio, come anche nella location subito di fronte, al Bow Bridge Boat Landing che offre uno straordinario punto di vista sul ponte.

❯ **The Central Park Boathouse** si affaccia sul grande lago (74th St) e ha riaperto da pochi mesi dopo una ristrutturazione. È un bar ristorante in stile americano 🔊 www.centralparkboathouse.com.

❯ **Kerbs Boathouse** si affaccia sul laghetto ornamentale Conservatory Water sul lato orientale del parco (74th St) e, costruito nel 1953, offre noleggio di modellini di barche.

❯ **Alice in Wonderland** sempre sul lato orientale del parco, all'altezza della 75a Strada, è una delle opere d'arte più conosciute di Central Park. La grande struttura in bronzo si trova verso il lato nord del Conservatory Water e rappresenta Alice e il suo gattino, Dinah, che siedono su un gigantesco fungo insieme al Cappellaio Matto, allo Stregatto, al Bianconiglio e al Ghiro. La stuatua di Alice è stata un dono del filantropo ed editore George Delacorte per i bambini della città, ma è anche un memoriale in ricordo della moglie Margherita, morta nel 1956: *Alice nel Paese delle Meraviglie* era il libro che preferiva leggere ai suoi figli.

❯ **Ladies Pavilion** è situato sullo sperone roccioso lungo la sponda occidentale del grande lago che prende il nome di Hernshead (75th St) ed è una elegante struttura in ghisa. Da lì, si gode di un panorama privilegiato. Il Ladies Pavilion è stato progettato nel 1871 come ricovero per i viaggiatori delle carrozze dall'architetto Jacob Wrey Mould. Si trovava, un tempo, quasi venti strade più a sud e fu poi spostato qui nel 1913. È un altro dei luoghi più amati dagli sposi per i matrimoni.

❯ **Belvedere Castle**, sì, perché a Central Park si trova anche un castello! È nel cuore del parco all'altezza della 79a. Si trova in cima al grande sperone roccioso chiamato Vista Rock, il secondo punto naturale più alto del parco (la maggior parte infatti è opera dell'uomo). Inizialmente il Belvedere fu pensato come torre di avvistamento e fu concepito come luogo da cui godere della vista del paesaggio. È costruito con il tipico scisto di Manhattan, cioè la roccia metamorfica di cui è fatta l'isola, e si affaccia sul Turtle Pond, il lago delle tartarughe.

❯ **The Reservoir** è il più grande bacino d'acqua a Central Park e si trova tra la 86a e la 96a. Costruito a metà Ottocento, ha una forma irregolare e curvilinea per sembrare più naturale e per armonizzarsi meglio con il parco. Al momento della sua costruzione è stato il più grande specchio d'acqua artificiale del mondo. I paesaggi che circondano le rive del Reservoir sono famosi in primavera per la fioritura dei ciliegi Yoshino e Kwanzan e dei rododendri un po' più avanti.

❯ **Conservatory Garden** si trova tra la 104th e la 106th St ed è uno dei più significativi giardini di New York City. È accessibile alle sedie a rotelle ed è aperto dalle 8 del mattino. Per l'orario di chiusura che varia in base alla stagione, si può consultare il sito ufficiale 🔊 www.centralparknyc.org/locations/conservatory-garden. Il giardino ha aperto nel 1937 ed è una meta molto apprezzata dai residenti delle zone limitrofe e dai visitatori di tutto il mondo. Ci sono aiuole di tulipani, lillà, alberi di melo selvatico e molto spesso si tengono esposizioni floreali. Uno dei punti di attrazione più interessanti è la grande serra in vetro che risale al 1899.

❯ **Burnett Fountain** è una fontana dedicata all'autrice di libri per bambini Frances Hodgson Burnett, morta nel 1924, conosciuta in particolare per *Il giardino segreto*. La fontana si trova sul lato orientale del parco all'altezza della 104th St ed è situata a un'estremità di una vasca di ninfee in stile inglese del Conservatory Garden. Le figure sono un ragazzo sdraiato che suona il flauto e una giovinetta che porta in mano un abbeveratoio per gli uccellini e ricordano Mary e Dickon, i personaggi del suo libro più famoso.

❯ **The Untermyer Fountain** (105th St) è realizzata in bronzo e rappresenta Three Dancing Maidens dell'artista tedesco Walter Scott. Si trova all'interno del Conservatory Garden.

Come arrivare:

◎ a Central Park: linee A, B, C, D, 1, 2 e 3 fermata 59th Street-Columbus Circle, linee N, Q, R 5th Avenue-59th Street. E le fermate 72nd St, 86th St, 96th St, 103rd St, 110th St-Cathedral Parkway sulle linee B e C. Infine 110 Street-Central Park North sulle linee 2 e 3.

La Chinatown di Manhattan.

7. Harlem

Harlem si trova a nord di Central Park, nell'Upper Manhattan ed è delimitato a est dal fiume Harlem e dalla 155th Street a nord.

Dal passato poco sicuro e violento, Harlem è il luogo in cui si è raccolta la comunità afroamericana. Oggi la distanza tra Harlem e Upper Manhattan si è ristretta moltissimo. Se state pensando infatti a un ghetto vi state sbagliando perché oggi sono numerosi gli investitori al lavoro qui con nuove costruzioni di grattacieli, alcuni quartieri ormai storici sono sempre più visitati dai turisti, soprattutto dove si trovano gli edifici in *brownstone*, e stanno aprendo numerosi locali. Qui, ad esempio, ha sede la **Columbia University**. La strada principale di Harlem è **Lenox Avenue**. L'**One Mile Museum** della Fifth Avenue sembra quasi proseguire ad Harlem con la presenza del **Maysles Institute and Cinema** (343 Malcom X Blvd, 🔊 www.maysles.org) e, salendo ancora, dello **Studio Museum in Harlem** (144 W 125th Street, 🔊 www.studiomuseum.org). Chi si spinge così a nord non deve perdere una messa gospel la domenica mattina per assaporare la vera anima di Harlem e l'**Apollo Theater** (253 W 125th Street, 🔊 www.apollotheater.org), il più famoso della "black Harlem".

Una delle chiese più gettonate per la messa gospel è l'**Abyssinian Baptist Church** in stile neogotico, ma cercate di arrivare con molto anticipo rispetto all'orario di inizio della funzione, ovvero le 10, per trovare posto (132 W 138th St, 🔊 www.abyssinian.org).

Altri suggerimenti per non perdere una domenica Gospel

Oltre all'Abyssinian Baptist Church, che potete raggiungere con le linee 2 o 3 della metro - 125th Street, vi lascio qualche altro indirizzo se volete trascorrere una domenica fuori dall'ordinario a NYC:

- **Bethel Gospel Assembly**, la messa è celebrata alle 9 in francese e alle 10.15 in inglese e c'è una messa anche serale, alle 19, di mercoledì (130 W 116th St, stesse linee della metropolitana per arrivare).
- **Convent Avenue Baptist Church** è fuori dai più trafficati percorsi turistici. I visitatori vengono fatti accomodare nel palco superiore e si ha una vista spettacolare della chiesa e degli astanti (420 W 145th St, sempre stesse linee della subway).
- **White Rock Baptist Church** è una chiesa molto poco turistica e ciò significa trovare meno folla; la funzione è alle 9.30 (152W 127th St, si arriva con le linee qui sopra citate).
- **First Corinthian Baptist Church**, qui ci sono tre messe (alle 7.30, alle 9.30 e alle 11.30) e i parrocchiani sono mischiati ai visitatori (1912 Adam Clayton Powell Jr Blvd, linee 2 e 3 verso Harlem - 116th Street).
- **Greater Refuge Temple** ha la messa con la durata più lunga, quasi tre ore. Ma, cosa da non disdegnare se volete prepararvi fin da ora, si può guardare anche in streaming www.greaterrefugetemple.org, inizia alle 11. Si trova al 2081 di Adam Clayton Powell Jr Blvd (7th Avenue) e si arriva con le linee appena citate.
- **Memorial Baptist Church** come altre chiese chiede di non utilizzare telecamere durante le funzioni (alle 11 di domenica). Si trova al 141 W della 115a Strada, sempre stesse linee della metro (116th Street).
- **Antioch Baptist Church** separa i parrocchiani dai visitatori, la funzione è alle 10.30 (515 W 125th St, stesse linee della metro).
- **Canaan Baptist Church** fa sedere i visitatori nei palchi al piano superiore mentre la congregazione è al piano terra. Il servizio è alle 10 (132 W 116th St, stesse linee della subway).

Ricordate che è malvisto lasciare la chiesa prima della fine della funzione.

Distretto di Brooklyn

Avete mai pensato che il quartiere di Williamsburg è alla stessa altezza di Washington Square Park e proprio di fronte all'East Side? Basterà prendere una metro o un traghetto per essere in un quarto d'ora o poco più sulla riva opposta del fiume.

I taxi verde lime

Avete mai sentito parlare dei Boro Taxi? Forse però avete già visto circolare dei taxi verde lime o verde mela: ecco si tratta di loro e sono diventati un grande aiuto per i cittadini e i visitatori che si trovano nelle zone periferiche di Manhattan o negli altri distretti (da qui il nome Boro, *borough*, distretto).

Purtroppo fino a qualche anno fa i tassisti di Manhattan, quelli che guidano i classici taxi gialli, non hanno mai avuto piacere di attraversare i ponti per recarsi negli altri distretti di NYC. Anche a me è successo anni fa, anche se questo è illegale, poiché nessun tassista può rifiutarsi di portarvi dove chiedete. Però accade. Per mettere fine a questo problema, c'è stato un lungo periodo di analisi e pianificazione da parte del governo del territorio locale, compreso il Taxi and Limousine Commission, anche per contrastare l'abusivismo nel settore dei trasporti. Infatti, prima dell'introduzione dei taxi verdi, i residenti nel Bronx, a Brooklyn o nel Queens ma anche i turisti che preferiscono soggiornare in questi borough, finivano con l'alimentare i taxi illegali. Si è scelto il verde mela per due motivi: è individuabile con facilità e poi la maggior parte di queste vetture è eco per cui il colore richiama la sostenibilità ambientale. I Boro Taxi possono trasportare i passeggeri dai distretti a Manhattan, ma – per mantenere un equilibrio di mercato – non possono caricare a Manhattan.

Insomma, questo dovrebbe anche farvi pensare subito a una cosa: da Brooklyn ammirerete una Manhattan straordinaria, anzi mi spingo a sostenere questo, ovvero che Manhattan è ancora più bella vista da Brooklyn che, a volte, vissuta dall'interno, poiché alcune zone sono davvero molto caotiche.

I quartieri di Brooklyn ogni anno aumentano sulle guide di NYC perché, da sconosciuti quali erano, diventano sempre più interessanti e apprezzati. Da nord a sud i più conosciuti sono: Greenpoint, Williamsburg e Bushwick, DUMBO, Navy Yard, Brooklyn Heights, Fort Greene, Boerum Hill, Cobble Hill, Prospect Heights, Park Slope, Gowanus, Carroll Gardens, Red Hook, Prospect Park e, nell'estremo sud, Coney Island e le altre spiagge di Brooklyn. Ma questo elenco non è ovviamente esaustivo.

1. Williamsburg e Bushwick

È un museo a cielo aperto perché i murales, qui, si diffondono a macchia d'olio. Da quartiere industriale negli ultimi dieci anni è diventato un punto di ritrovo per i giovani newyorkesi sempre a caccia di nuovi locali in cui ritrovarsi e mercatini in cui curiosare. Williamsburg è anche la spiaggia che si affaccia su Manhattan e il famoso birrificio Brooklyn Brewery.

Riservate una o almeno mezza giornata per sbirciare nei negozi, fermandovi fino a sera per ascoltare un'esibizione musicale live. La strada principale del quartiere, nella quale si alternano negozi di abbigliamento di seconda mano, di musica, lavanderie a gettoni e ristoranti, è **Bedford Avenue**. Il tratto più vissuto di Bedford Avenue è quello compreso tra N 10th Street e Metropolitan Avenue.

L'**East River State Park** è un'area verde a ridosso del fiume, dove si tiene il famoso **Brooklyn Flea** e, nella bella stagione, si organizzano concerti ed eventi.

L'East River State Park era un deposito di rottami che, grazie alle trasformazioni e alla gentrificazione, è stato riadattato a parco in cui, nella bella stagione vengono messi a disposizione sdraio e ombrelloni e da cui si gode di una vista favolosa dello skyline di Manhattan. Ma qui a Williamsburg ci sono anche altri momenti di ritrovo e mercatini, come **Smorgasburg** che è un mercato dedicato solo allo street food www.smorgasburg.com e l'**Artists & Fleas**, ovvero quasi un centinaio di banchi di artigianato e vintage come quello che si trova al Chelsea Market, più grande e un po' meno chic ma molto cool (attenzione perché è aperto solo sabato e domenica, 70 North 7th St, www.artistsandfleas.com/williamsburg/).

Il **Williamsburg Bridge**, costruito nel 1903, collega Brooklyn (Delancey Street) con il LES, Lower East Side, ed è percorribile a piedi e in bicicletta: offre una bellissima vista su Manhattan e sull'East River.

La **Brooklyn Brewery**, di cui si riconosce il profumo anche da lontano, è disponibile per visite guidate con degustazione (79 N 11th Street, www.brooklynbrewery.com).

La zona più interna di Williamsburg è molto diversa da quella hipster e dedicata alla street art, sembra proprio un universo a sé. Chi ha visto la serie tv *Unothodox* di certo sa a che atmosfera mi riferisco, se no andate a guardarla (si trova su Netflix, ndr). A Williamsburg, infatti, nell'area di Lee Ave e dintorni vive la più grande comunità di ebrei ortodossi e anche le scritte che indicano gli esercizi commerciali sono in yiddish.

Scendendo dalla metropolitana, tutta l'area di Bushwick ha ancora quel carattere aggressivo e grunge che ha sempre contraddistinto Brooklyn. Se abbiamo detto che Williamsburg ha delle opere di street art da non perdere e le abbiamo anche dedicato un capitolo, Bushwick è conosciuta come una delle capitali mondiali dei murales. Addirittura chi ha attività commerciali commissiona le insegne realizzate come graffiti così che si sposino con l'ambiente in cui si è immersi. Il gruppo di artisti che più lavora in questo quartiere di Brooklyn è **The Bushwick Collective** composto da creativi provenienti da tutto il mondo. Il loro head quarter è dove St. Nicholas Ave incrocia Troutman St (🔊 www.facebook.com/The-BushwickCollective/, 427 Troutman St).

Dare indicazioni precise non è semplice, ma potete seguire all'incirca da Jefferson St a Troutman St fino ancora a Wyckoff e St. Nicholas Ave.

Se siete appassionati di fotografia, potrebbe essere di vostro interesse dare uno sguardo alla **Bushwick Community Darkroom**: punto di riferimento della fotografia analogica in cui è possibile affittare una camera oscura per sviluppare la propria pellicola. Ma, attenzione!, se doveste fermarvi più a lungo informatevi anche per le lezioni di fotografia 🔊 www.bushwickcommunitydarkroom.com.

Oggi a Bushwick vive la più grande comunità ispanica di NYC.

Come arrivare a Williamsburg:
◎ East River Ferry da Manhattan o da DUMBO fermata North Williamsburg, oppure la metropolitana linea L fermata North 7th Street-Bedford Avenue, che è stata rimodernata completamente nel 2019.

Come arrivare a Bushwick:
◎ Tenete come riferimenti le fermate della subway Morgan Ave e Jefferson Ave, entrambe sulla linea L. Se si arriva invece che da Manhattan da altre zone di Brooklyn si può utilizzare la linea M.

2. DUMBO

L'acronimo sta per *Down Under the Manhattan Bridge Overpass* e questa zona si trova, da una parte, tra il Manhattan Bridge e il Brooklyn Bridge e, dall'altra, confina con Vinegar Hill. Le strade a DUMBO sono lastricate e gli edifici *brownstones* sono appena stati ri-

A caccia di graffiti e murales per le strade di Williamsburg

Come ho scritto anche nella mia guida *Londra al femminile* (Morellini Editore, seconda edizione 2023), per loro natura i graffiti e i murales non sono eterni e non è detto che si troveranno o si potranno rivedere una seconda volta, ma questi che vi lascio qui sono visibili già da alcuni anni e sembrano più duraturi del solito per cui ci proviamo: nel punto in cui Bedford Ave s'incontra con la Broadway e la South 6th St si trova la cosiddetta "Monnalisa di Williamsburg" il cui titolo sarebbe *Lost Time* e raffigura, da una fotografia, una giovane donna con il volto appoggiato sulle mani. Dell'artista Kobra si trova, all'angolo tra Bedford Ave e la 9a Strada, il murale di Andy Warhol e Jean-Michel Basquiat pugili "perché combattono per la street art".

Sempre di Kobra – anche se adesso è quasi del tutto deturpato da altri graffiti – mi piace ricordare un bellissimo Elvis Presley contro la guerra su Bedford Ave. L'artista australiano Mike Makatron ha "lasciato il segno" sempre nei pressi di Bedford Ave con una gigantesca chiocciola, ma non è una semplice snail poiché il suo guscio/casa a spirale è una scala che porta in cima fino a un idrante.

Vi ricorderà di certo la mano di Roy Lichtenstein il murale sul lato sud del Moxy Hotel Williamsburg (353 Bedford Ave) che si può vedere dal Williamsburg Bridge ed è realizzato da DFace. L'artista francese JR ha creato un murale sull'intera fiancata di un palazzo per raccontare il suo lavoro fotografico dal titolo *Chronicles of New York* e che si trova al Domino Park di Williamsburg.

Per ques'opera enorme JR ha fotografato mille newyorkesi e li ha inseriti nel murale che raffigura la vita della città in ogni suo quartiere. JR si ispira alle opere corali del pittore messicano Diego Rivera della prima metà del XX secolo che forse molti miei lettori conosceranno per la tormentata storia d'amore con Frida Khalo.

strutturati. Fino a pochi anni fa, qui sorgevano zuccherifici e fonderie di ferro e di ottone ormai in disuso. Sono sempre gli artisti i primi ad arrivare nei luoghi abbandonati e anche a DUMBO ha funzionato in questo modo.

DUMBO è un punto di sosta imperdibile per chi decide di percorrere il Ponte di Brooklyn a piedi verso Manhattan, perché si trovano numerosi caffè, cioccolaterie e chioschi di burgers. In queste poche vie ci sono alcuni degli scorci più affascinanti su Lower Manhattan e le strade con i ciottoli danno l'idea di trovarsi in un paese europeo.

Tra i luoghi iconici di DUMBO, il primo da citare è anche quello in cui molto probabilmente non riuscirete a scattare una foto senza assembramenti, ovvero il famoso spot del film di Sergio Leone *C'era una volta in America*: siamo all'incrocio tra Water St e Washington St, quasi sotto a una delle arcate del Manhattan Bridge e non molto distanti dall'accesso pedonale al Brooklyn Bridge. Si riesce anche a vedere l'Empire State Building incorniciato da una delle arcate del Manhattan Bridge.

Anno dopo anno il Brooklyn Bridge Park è diventato un vero gioiello, molto frequentato da giovani famiglie con bambini, coppie di tutte le età, gruppi di ragazzi, turisti. Si è quasi sotto il Brooklyn Bridge, in un grande prato che si affaccia su Lower Manhattan e l'East River. Uno degli eventi più interessanti che si svolgono qui è **Movies vith a View**, una rassegna cinematografica estiva in un contesto spettacolare. Ma anche corsi di yoga, pilates, spazi giochi per bambini e per allenarsi nei vari moli (pier) che si allungano sull'East River. Il parco di 34 ettari è aperto dalle 6 all'una del mattino, 📶 brooklynbridgepark.org/about/#park-hours.

Alla fine di Dock St si trova il **Jane's Carousel**, una giostra composta da 48 cavalli lignei protetta da una struttura in vetro e che risale al Novecento.

Proseguendo oltre la giostra, si raggiunge un altro spot incredibile (io lo amo molto, ma attenzione perché spesso è ventoso, per cui portatevi qualcosa da mettere al collo o coprirvi, in base alla stagione!): si tratta di Pebble Beach, lungo la Main Street (che è anche una bellissima passeggiata) di Brooklyn Bridge Park. L'ingresso è al Manhattan Bridge Pedestrian Path, ma una freccia indica **Pebble Beach.**

Come Williamsburg, anche DUMBO ha il suo momento dedicato al mercatino delle pulci e al vintage: è la domenica e si chiama **Brooklyn Flea** (dalle 10 alle 17, aprile-dicembre, Manhattan Bridge Archway, 80 Pearl St).

Come arrivare a DUMBO:
◎ East River Ferry da Manhattan o da Williamsburg fermata DUMBO, oppure la metropolitana linee A e C stazione High Street-Brooklyn Bridge.

3. Brooklyn Heights

È un quartiere che va visitato a piedi e, in estate, muniti di cappello e acqua perché la passeggiata dai piedi del Ponte di Brooklyn, risalendo la collina verso Brooklyn Heights, può rivelarsi impegnativa.

Brooklyn Heights negli ultimi dieci anni è stata interessata da grandi lavori di sventramento e di restauro, ma ne è valsa la pena perché qui sono sorte alcune delle case con la vista tra le più belle del mondo poiché si affacciano sui grattacieli di Lower Manhattan. Inoltre i residenti godono della "lingua verde" del Brooklyn Bridge Park.

Per faticare meno, potete scegliere di iniziare la passeggiata da Clark Street e, passando di fronte alla **casa di Truman Capote,** l'autore di *Colazione da Tiffany* (**70 Willow St**), e alle vecchie case in mattoni rossi di Montague Street, percorrere la **Brooklyn Heights Promenade**, che resta parallela al tratto della trafficatissima BQE, la Brooklyn-Queens Expressway.

Qui si trovano le strade, tra loro parallele, chiamate come la frutta: **Pineapple St, Orange St e Cranberry St.** Nel capitolo "Luoghi da selfie" (pag. 211) date un'occhiata a **Joralemon St** e poi non mancate un giro al **24 di Middagh St** dove si trova una casetta costruita in legno che sembra possa risalire al 1790, quindi essere una delle più antiche del quartiere.

Ma uno dei belvedere più interessanti e originali di Lower Manhattan si assapora proprio dal punto in cui si sale verso la bella Brooklyn Heighs Promenade da DUMBO: potete vederne uno scorcio sulla copertina di questa guida, è una passerella sospesa che "passa sulla testa" della BQE. Attenzione perché non è sempre aperto: potete percorrerlo tra le 8 e le 22.

Come arrivare a Brooklyn Heights:

◉ linee 2 e 3 fermata Clark St o Borough Hall; linee A e C fermate High St - Brooklyn Bridge; linee N, R e W stazione Court St Station; linee 4 e 5 fermata Borough Hall.

4. Boerum Hill, Cobble Hill e Carroll Gardens

Alcuni quartieri di Brooklyn fino a qualche anno fa erano ritenuti poco sicuri e i turisti li snobbavano. Oggi sono sempre di più coloro che arrivano dall'altra parte dell'East River per visitare Boerum Hill, Cobble Hill e Carroll Gardens. Li ho riuniti perché possono essere considerati fratelli e rappresentano un triangolo sempre più amato dai newyorkesi: addirittura lasciano Chelsea e Soho per trasferirsi qui. Le strade sono ordinate, lungo i marciapiedi sono allineati alberi fioriti in primavera e ci sono alcune fermate della metropolitana, ma qui ci si sposta volentieri anche a piedi o in bicicletta perché il traffico non è eccessivo.

Le case residenziali sono ben tenute e curate e, per lunghi tratti, potreste imbattervi solo in giovani mamme con carrozzine o dog-sitter con una decina di cani alla volta al guinzaglio. Sono quartieri silenziosi in cui chi ci vive rientra solo nel tardo pomeriggio. Boerum Hill è il tratto di Atlantic Avenue tra Court Street e Boerum Place a ovest, Baltic Street a sud, Schermerhorn Street a nord e la Fourth Avenue a est. Boerum Hill è un bel quartiere con strade alberate e dall'atmosfera rilassata. È anche un ottimo punto di riferimento per trovare tante opzioni per ristorarsi. Se desiderate fare base qui, però, la zona che è molto residenziale non offre strutture alberghiere e dovrete preferire B&B.

Cobble Hill si può individuare, a nord, con Atlantic Avenue, a est Court Street, a sud Degraw Street, a ovest la BQE, Brooklyn-Queens Expressway. È un perfetto set per un film ambientato a Brooklyn con i suoi caffè curatissimi agli angoli delle strade, le scale antincendio che si arrampicano sui muri esterni dei palazzi, i vecchi cinema, *deli*, macellerie, negozietti che non appartengono ancora a catene internazionali e quella rara immagine da vedere a New York: bambini che passeggiano mano nella mano con i genitori o con i nonni. A Cobble Hill si trova ancora – e speriamo che resti così – l'unica autentica e originale (quindi non rifatta) strada di ciottoli. Si chiama **Tiffany Place** perché qui potrebbe aver vissuto Mr Tiffany, ovvero Louis Comfort Tiffany, il capostipite della fabbrica di vetri, o forse suo padre.

Carroll Gardens è abitato in prevalenza da italiani, tanto da poterla definire come l'ultima Little Italy di New York. Le strade tra Court Street e Smith Street riecheggiano ancora di nomi come Marco Polo, Casa Rosa, Caserta Vecchia, trattorie come Vinny's e Sam's, le panetterie Mazzola e **Caputo's** (la Bakery si trova al 329 di Court St, aperta dal 1924), la macelleria Esposito and Sons e la storica pasticceria siciliana di Court Street. A qualche isolato dalla panetteria della famiglia Caputo, si trova **Caputo's Fine Foods** che dagli anni Sessanta è un punto di riferimento per il quartiere di prodotti tipici italiani www.caputosfinefoods. com. Se siete alla ricerca di brownstone, le più belle sono nei dintorni di Carroll Park, da Court Street e Smith Street verso Union Street. Inizialmente abitata da immigrati irlandesi e norvegesi, man mano diventò un'enclave italiana e francese e, come scritto poche righe sopra, oggi se volete un assaggio di Little Italy dovete fare un giro qui o nel Queens.

Clinton St è una delle strade lungo le quali si raccoglie la maggior parte delle case d'epoca, come al civico 440, dove si trova la **John Rankin House** che oggi è un'impresa di pompe funebri, ma vale la pena vederla. E poi c'è un bel parco in cui fare una sosta, **Carroll Park**, in cui, durante i mesi estivi, si svolgono anche rappresentazioni teatrali raccolte sotto il nome di *Shakespeare in Carroll Park*.

Come arrivare:

◎ a Boerum Hill: linee F e G, fermata Bergen Street; linee 2, 3, 4, 5 fermata Atlantic Avenue-Barclays Ctr; linee D, N e R stazione di Atlantic Avenue-Barclays Ctr.

◎ a Cobble Hill: linee F e G della metropolitana, fermata Bergen Street

◎ a Carroll Gardens: linee F e G, stazione Carroll Street.

5. Park Slope, Prospect Park e Prospect Heights

Le giovani coppie impazziscono per **Park Slope**, quartiere tranquillo dalle strade alberate e da *brownstones* da film. Prospect Park è a pochi passi e anche le fermate della metropolitana sono raggiungibili con una breve passeggiata. Chi vive qui ha scelto di unire la vivacità di una metropoli con il comfort di uno stile di vita suburbano. Le case sono ottocentesche e alcune sono così raffinate da essere decorate in stile *beaux arts*, neoromantico e neogotico. Chi ci vive si sente molto eco-friendly e di solito fa acquisti al mercato biologico del sabato mattina. La strada più bella è **Montgomery Place**, tra **Prospect Park** e 8th Avenue.

Troverete sempre qualcuno che è intento a sistemare il piccolo giardino a ridosso del basement o che gioca con il cane sui gradini di casa. Prospect Park è la versione meno pettinata di Central Park anche se ha davvero molti punti in comune con il fratello di Manhattan, infatti i creatori dei due grandi parchi di New York City sono gli stessi: Calvert Vaux e Frederick Olmsted. Anzi, secondo la loro idea, Prospect Park rappresenta il miglioramento del parco di Upper Manhattan. Laghetti, il grande Prospect Park Lake, piste ciclabili e per fare jogging, colline verdi, spazi boschivi e radure in cui riposarsi e prendere il sole. La zona di **Prospect Heights** inizia attraversando Flatbush Avenue, superato Park Slope. Prospect Heights, dove hanno abitato prima ebrei, italiani e irlandesi, poi afroamericani, oggi è una delle zone che più attirano l'attenzione delle coppie in carriera e delle famiglie. Le strade principali sono **Vanderbilt Avenue** e **Washington Avenue**. La zona si gira bene in bicicletta, per cui potete scaricare l'app Citi Bike NYC e noleggiarne una dalla più vicina *docking station*.

Come arrivare:
◎ a Park Slope: linee F e G fermata 7th Avenue.
◎ a Prospect Park: linee F e G fermata 15th Street-Prospect Park; linee 2, 3, 4 fermata Grand Army Plaza (all'altezza dell'Arco di Trionfo) e fermata Eastern Parkway Brooklyn Museum Station; linea S fermata Botanic Garden; linee B, Q, S fermata Prospect Park Subway Station; linea Q stazione Parkside Avenue.
◎ a Prospect Heights: linee 2, 3 e 4 fermate Bergen Street e Grand Army Plaza; linee B e Q fermata 7th Avenue.

6. Red Hook

Qui si trovano i Docks, vecchi magazzini del porto con le facciate consumate dalla salsedine, in cui oggi han-

Hai già visitato Prospect Park
e il Brooklyn Botanic Garden?

Prospect Park 🔊 www.prospectpark.org è nato dieci anni dopo Central Park ed è un miglioramento del parco di Manhattan, secondo i loro creatori. È aperto tutti i giorni dalle 6 all'una del mattino. I campi da gioco chiudono alle 21 e il Parade Ground alle 22. L'ingresso, come per Central Park, è gratuito. La pista ciclabile è lunga 5 km, si può percorrere solo in senso antiorario e non si possono superare le 25 miglia orarie. Cominciando da nord:

– la **Grand Army Plaza** è una grande piazza, un tempo l'entrata principale del parco. Al centro della piazza si trova la **bailey Fountain** e tra la piazza e il grande parco si trova il mastodontico **Soldiers and Sailors Memorial Arch**.
Qui ogni sabato mattina viene organizzato un bel mercato ortofrutticolo con vedita di prodotti biologici locali ma anche di fiori e piante, il Greenmarket, aperto dalle 8 alle 16;
– il **Long Meadow** è un grande prato di quasi un chilometro di lunghezza;
– nell'area orientale del parco, verso Flatbush Ave, c'è la **Lefferts Historic House**, una fattoria di Flatbush del XVIII secolo, trasferita a Prospect Park nel 1918 ma che un tempo si trovava al 563 di Flatbush Ave, vicino a Maple St;
– sul lato est del parco, nel Children's Corner, si trova il **Carousel**, una giostra in legno scolpita nel 1912 da Charles Carmel, uno dei più importanti progettisti di giostre dell'epoca. Si può salire su 53 magnifici cavalli che galoppano in compagnia di una giraffa, un cervo, un leone e ci sono anche due carri trainati da draghi. Attenzione: è uno dei pochi caroselli d'epoca degli Stati Uniti accessibili con la sedia a rotelle;
– ci sono alcune belle cascate come le **Fallkill Falls** e le **Prospect Park Waterfall**;
– l'area sud-est del parco è occupata dal **LeFrak Center at Lakeside**, ovvero una destinazione panoramica e ricreativa che offre pattinaggio su

ghiaccio, pattinaggio artistico, hockey e curling nel periodo invernale e pattinaggio a rotelle, ciclismo, canottaggio e giochi d'acqua nei mesi caldi. Inoltre c'è il Bluestone Cafe al Chase Pavilion per un pasto leggero o una bevanda rinfrescante.

Non fa parte di Prospect Park, ma a dividere le due aree verdi è solo Flatbush Ave: si tratta del **Brooklyn Botanic Garden** al cui interno sono conservate oltre 18 mila specie di fiori e piante. Il biglietto standard costa 25 ⓢ e acquistarlo online può convenire per saltare la fila 🖪 www.bbg.org. Il BBG è un vero gioiello con il **Japanese Hill and Pond Garden** che è uno dei più antichi giardini giapponesi al mondo fuori dai confini del Giappone, le magnifiche piante di magnolia nell'area **Magnolia Plaza**, la straordinaria **Cherry Esplanade** con gli alberi di ciliegio in cui ci si ritrova – soprattutto numerosi giapponesi e americani di origine del Sol Levante – per fare *hanami*, ovvero l'osservazione dei fiori di ciliegio che, mossi dal vento, cadono come una pioggia, mentre si fa un picnic su un telo color azzurro.

C'è, poi, il **Fragrance Garden** che è pensato per i non vedenti: l'olfatto e il tatto sono i sensi privilegiati per godere di queste piante e fiori.

Nel **Bonsai Garden** si possono trovare delle piante ultracentenarie e il **Cranford Rose Garden** è un romantico roseto. Poi c'è anche l'area **Children's Garden** per avvicinare i più piccoli alla flora e alla fauna del parco per imparare a conoscerla e a rispettarla.

no sede le grandi catene commerciali internazionali come Ikea o start-up. Manhattan ha già voltato il suo sguardo fino a qui da qualche anno. Come, del resto, all'ex fatiscente Red Hook arriva anche lo sguardo attento della Statua della Libertà che dà, invece, le spalle a tutta Manhattan.

Se volete vedere Lady Liberty in faccia, dovete avventurarvi verso questo lungo molo dalla forma di un uncino, dove non arriva la metropolitana, la cui fermata più vicina è a circa dieci blocchi di distanza (Smith Street-9th Street sulla F o sulla G).

Assaporate l'opera di gentrificazione in corso, perché qui stanno nascendo interessanti ristoranti gourmet e per il panorama. Andate a vedere oggi ciò che sarà domani e magari veniteci in traghetto da Manhattan.

Come arrivare a Red Hook:
◎ autobus B61 verso ovest su Atlantic Avenue, B57 verso sud lungo Court Street. C'è anche il taxi acquatico dell'Ikea che accompagna i clienti e non solo dal Pier 11 di Lower Manhattan.

7. Coney Island
Un bel giorno sali sulla metropolitana a Manhattan e in tre quarti d'ora ti trovi al mare. Sì, perché Coney Island, la parte più a sud del *borough* di Brooklyn, è la spiaggia dei newyorkesi. Non potete sbagliare fermata perché al di là del finestrino del vagone svettano le grandi attrazioni del Luna Park.

La stazione si trova di fronte a Nathan's Famous che pare essere l'inventore degli hot dog, perciò gli onnivori possono subito soddisfare la fame. In tre isolati si arriva alla spiaggia e alla passeggiata di legno ricostruita dopo il nubifragio causato dall'uragano Sandy nell'ottobre del 2012, il Boardwalk. Due buoni motivi per arrivare a Coney Island (oltre all'hot dog di Nathan e, se siete vegetariane, potete sempre bere la sua deliziosa limonata e le ottime *french fries*) sono i negozi che vendono magliette e accessori deliziosi con un'impronta anni Cinquanta e Sessanta, e un giro sulla grande Wonder Wheel.

Come arrivare a Coney Island:
- linee D, F, N e Q fermata Coney Island-Stillwell Avenue.
- una fermata alternativa è sulle linee F e Q la West 8 Street - New York Aquarium se per caso dovete accompagnare i vostri figli al NY Aquarium.

Distretto del Queens

Il Queens, a nord di Brooklyn da cui è separato da Newton Creek, è il più grande e il secondo per popolazione dei cinque *borough* di New York City. Se fosse una città, il Queens sarebbe addirittura la quinta città più popolosa degli Stati Uniti. La parte verso l'East River e di fronte a Manhattan è molto interessante. C'è chi dice – e non va errando – che il Queens sta diventando la nuova Brooklyn.

I quartieri più noti del Queens sono Astoria, Long Island City, Flushing, Sunnyside, poi College Point, Murray Hill, Corona e Jackson Heights.

1. Long Island City

Collegato a Manhattan dal Queens Midtown Tunnel sotto il livello del fiume e dal Queensboro Bridge all'altezza dell'Upper East Side, Long Island City si trova nella parte più occidentale del Queens. Dal passato industriale e manifatturiero, oggi il quartiere è un punto di riferimento per l'arte contemporanea per la presenza del **MoMA PS1** (www.momaps1.org), che ospita ogni anno oltre cinquanta esposizioni.

Qui troverete alcune strade in cui fanno bella mostra di sé le case con le tettoie di stagno e i piccoli cancelli in ferro battuto che richiamano alla mente la tipica architettura del Sud degli Stati Uniti. I vecchi magazzini dismessi sono solo in attesa di essere trasformati in loft e da qualche parte i lavori sono già in corso. Andate a Long Island City, o LIC, per passeggiare al **Gantry Plaza State Park** allestito lungo l'East River e che regala una vista ininterrotta sullo skyline di Manhattan: riposatevi su una delle sedie a sdraio a disposizione. Questa è davvero una delle panoramiche più interessanti di cui potete godere su Manhattan, quasi paragonabile a quella da DUMBO e dal Brooklyn Bridge Park, perché avete tutta Upper Manhattan di fronte a voi.

Vicino al Gantry Plaza State Park si trova la **Rockaway Brewing Company**, fondata dalla coppia di amici Ethan e Marcus, che anni fa avevano iniziato a produrre birra nel cortile delle loro abitazioni. Oggi il birrificio si trova in un garage industriale ed è uno degli indirizzi imperdibili dei LIC se siete appassionati di un boccale di birra. È anche possibile portare qualcosa da mangiare e usufruire dei tavoli da picnic rockaway.beer/.

Come arrivare a Long Island City:
- da Manhattan prendete la linea 7 e scendete a Vernon Blvd-Jackson Avenue, Hunters Point Avenue o Court Square. Da Brooklyn prendete la linea G fermata 21st Street-Van Alst Station o Court Square.

2. Astoria

Rilassato e accogliente, Astoria ha anche un lato romantico, forse grazie al suo bel parco, **Astoria Park**, che vanta il bellissimo ponte di **Hell Gate** che, per la sua forma ad arco, ricorda l'Harbour Bridge di Sydney in Australia. Ad Astoria arriva anche chi vuole provare la cucina internazionale, perché il mix di culture che si è raccolto qui nei decenni ha lasciato un'impronta forte che si può gustare nei piatti proposti dai numerosi ristoranti. Si dice che ci siano tanti tipi di ristoranti ad Astoria quante sono le popolazioni che vivono e che si sono stratificate nel quartiere. Tra le comunità più importanti trovate quella greca, così potete assaggiare gli autentici sapori della *baklava* fatta a mano.

Ad Astoria ci sono alcuni musei interessanti, come il **Museum of the Moving Image**, conosciuto come MoMI, che è l'unico negli Stati Uniti a essere dedicato a cinema, media digitali e televisione (36-01 35th Ave, movingimage.org) e **The Noguchi Museum** (9-01 33rd Rd, www.noguchi.org). Fondato dall'artista americano di origine giapponese Isamu Noguchi, il museo è aperto dagli anni Ottanta in un contesto industriale. L'arte è messa in mostra fin dal giardino e prosegue poi nel museo/studio. Ci sono poi altri parchi in cui vale la pena fare una passeggiata: il piccolo **Athens Square** che rende omaggio ad Atene e alla Dea Atena vista la nutrita colonia di greci che ha sempre vissuto in questo *borough* e il **Socrates Sculpture Park**, che si affaccia sull'East River e sulla parte nord di Roosevelt Island. Qui negli anni Ottanta si trovava una discarica, ma, dopo un'intensa opera di bonifica del terreno, è stato creato il parco/museo a cielo aperto che consente a decine di artisti di esporre a rotazione le loro opere (32-01 Vernon Blvd).

Come arrivare ad Astoria:
◉ linee N e Qu fermate Broadway, 30th Avenue, Astoria Blvd Station; linee E, M e R stazioni di Steinway Street e 46th Street.

Distretto del Bronx

Il distretto del Bronx si trova a nord di Manhattan, oltre Harlem e la "lingua" di Washington Heights.

A lungo il Bronx è stato considerato la zona più pericolosa e malfamata di New York, soprattutto negli anni Settanta e Ottanta, ma negli ultimi anni sono molte le aree residenziali come Riverdale, composto da villette unifamiliari che si affacciano sul fiume Hudson. Arthur Avenue è considerata un'altra Little Italy di NYC, di certo più autentica del poco che rimane a Lower Manhattan. Il tratto di **Arthur Avenue** da visitare è quello compreso tra East 187th St e Crescent Av. Per arrivare con la metropolitana, potete prendere le linee B o D e scendere alla stazione 182nd-183rd Streets oppure la linea 4 e scendere a Fordham Road. Entrambe le fermate distano ancora una passeggiata di circa venti minuti da Little Italy.

Da non perdere, se siete delle sportive, il **New Yankee Stadium**, ma non potete non lasciarvi ammaliare dallo straordinario **New York Botanical Garden** che si estende per circa 100 ettari e che presenta oltre 200 varietà di rose e 15 ettari di foresta.

Il più grande zoo degli Stati Uniti si trova nel Bronx e al suo interno vivono più di 4.000 animali, quasi tutti privi di gabbie.

Tra gli spot più interessanti del distretto settentrionale di New York, possiamo elencare:
- la **Bronx Walk of Fame** lungo una delle strade principali del Bronx, la **Grand Concourse**, su cui si affacciano edifici in stile coloniale, rinascimentale e in stile Tudor. La Bronx Walk of Fame risale al 1997 e raccoglie persone famose del distretto, come Colin Powell, Garry Marshall, Stanley Kubrick;
- sulla **Grand Concourse** al civico 2640 si trova l'ultima casa in cui ha abitato Edgar Allan Poe. È un

cottage costruito nel 1812 e che è visitabile prenotando il tour sul sito ufficiale 📶 www.bronxhistoricalsociety.org/poe-cottage;

- uno dei giardini botanici più belli è quello che si trova in questo distretto, il **New York Botanical Garden**. La sua serra, chiamata Enid A. Haupt Conservatory, è davvero notevole. E, come si può leggere nel capitolo dedicato al periodo natalizio, l'Holiday Train Show fa impazzire piccoli e grandi;
- nel Bronx si trova anche la famosa **scalinata di Joker**, ma trovate le indicazioni nel capitolo dedicato ai luoghi da selfie (pag. 211).

Distretto di Staten Island

Staten Island è un'altra isola di New York. A Manhattan, Staten Island è collegata dallo Staten Island Ferry e a Brooklyn dal Ponte di Verrazzano, che attraversa il canale Narrows, la porta d'accesso alla baia di New York.

Il *borough* di Staten Island è diviso in un vasto quartiere di edilizia popolare, i cosiddetti "projects", e in una più piccola parte storica con villette di legno in stile coloniale dell'inizio del Novecento.

Staten Island è molto verde ma, oltre allo Staten Island Greenbelt, un sistema di parchi pubblici contigui, il territorio era occupato anche da una grande discarica – la più grande del mondo, attiva dal 1948 al 2001 – nella quale furono depositati i due milioni di tonnellate di detriti provenienti da Ground Zero. Oggi qui si sta lavorando per realizzare il più grande parco pubblico di New York, **Freshkills Park** (che sarà aperto completamente nel 2036), dedicato alla tragedia dell'11 settembre 2001. Già oggi Staten Island è conosciuta come "il distretto dei parchi": Staten Island's South Shore, Silver Lake Park, imperdibile il tunnel ad arco all'interno dello Snug Harbor (www.snug-harbor.org), Greenbelt Recreation Center, Alice Austen Park.

Snug Harbor è un bel centro culturale con alcuni edifici in stile greco conosciuti come Temple Row e che un tempo erano utilizzati come casa di riposo per marinai in pensione. Oggi qui ci sono interessanti musei, come il **Noble Maritime Collection**, che espone modellini di navi e le opere dell'artista americano John A. Noble. Lo Snug Harbor ha un giardino botanico, lo **Staten Island Botanical Garden**, che racchiude vari giardini a tema: quello dedicato alle rose, quello in stile toscano, quello solo di fiori bianchi e ancora il labirinto di arbusti. Uno dei punti più romantici è il New York Chinese Scholars Garden in stile cinese con il tetto a pagoda e la sala in cui poter celebrare la cerimonia del tè.

L'**Historic Richmond Town** è un villaggio integralmente ricostruito che ripercorre come si viveva nel XVII secolo. Gli abitanti sono vestiti in costumi d'epoca e "recitano" compiendo qualche attività storica.

Un vero gioiello è la **Alice Austen House** (2 Hylan Blvd, aliceausten.org), la casa in pietra in cui abitò la fotografa di fine Ottocento Alice Austen e in cui sono esposte le sue opere.

Tra i parchi, se vi trovate a Staten Island e volete esplorare la zona, segnatevi **Clove Lakes Park**, che è un'oasi naturale con numerosi laghi di varie dimensioni e che ospita e lo **Staten Island Greenbelt**, con svariati chilometri di sentieri tra i boschi. Quest'ultimo ospita il già citato Freshkills Park.

Gli imperdibili

Brooklyn Bridge e Brooklyn Bridge Park

Il Ponte di Brooklyn, costruito tra il 1869 e il 1883, è uno dei simboli di New York City e collega il Financial District, Lower Manhattan, con DUMBO e il Brooklyn Bridge Park, al di là dell'East River. Percorretelo al tramonto da Brooklyn a Manhattan per godere del panorama sui grattacieli e sulle mille luci che si accendono quando scende la sera.

L'orario del tramonto d'estate è intorno alle 20; se invece siete negli States nel periodo invernale, tenete conto di andare sul ponte non oltre le 15.

Il ponte è lungo un miglio e mezzo (2,3 km) e camminando ci impiegherete circa 25 minuti, ma se vi fermate a scattare fotografie, allora circa 40 minuti. Scarpe comode e niente tacchi perché potrebbero infilarsi tra le assi di legno. Fate attenzione perché un lato è pedonale, l'altro per i ciclisti che vi scampanelleranno, ma se non vi spostate potrebbero arrivarvi addosso.

Per percorrere il ponte da Manhattan, accedete alla zona pedonale tramite Centre Street. A Brooklyn l'entrata per i pedoni è in Tillary Street, all'incrocio con Adam Street. C'è anche un sottopassaggio a DUMBO all'incrocio tra Washington Street e Prospect Street. Per arrivare ai piedi del ponte e iniziare la passeggiata, potete prendere la metro A o la C e scendere a Hight Street-Brooklyn Bridge, oppure prendere la linea 2 e 3 e fermarvi alla stazione di Clark Street, poi vi dirigete verso il Brooklyn Bridge Park.

Central Park

www.centralparknyc.org

È uno degli spazi urbani più conosciuti del mondo e per visitare i suoi 341 ettari di prati non è facile decidere da che parte cominciare. Prendete una mappa ufficiale al baracchino dell'ingresso sud-ovest del parco, verso il Columbus Circle, e scegliete ciò che più vi interessa tra il mosaico in memoria di John Lennon, il ristorante a bordo del lago, il teatro all'aperto, un pic-nic nel prato. Oppure lasciatevi trasportare dai piedi: a volte funzionano così bene, che vi porteranno nel posto giusto. Per saperne di più, leggete i capitoli "City map" e "New York d'estate" (pag. 36, 90).

DUMBO e Williamsburg

DUMBO è uno dei quartieri più celebrati di New York. Negli anni Ottanta era la meta degli artisti che arrivavano alla Grande Mela. Oggi l'anima creativa convive con quella borghese: le strade con i ciottoli, le *brownstones* e i magazzini portuali sono diventati locali alla moda e costosi loft con vista sul Ponte di Brooklyn, sul Ponte di Manhattan e sullo skyline dell'isola. Quartiere di hipster e di creativi, a Williamsburg il gioco è distinguersi. Negozi vintage, case a due piani ricoperte di murales, gallerie d'arte, mercatini bio, librerie *second hand* e alternative, ristoranti di tutte le cucine del mondo e un parco sul fiume da togliere il fiato, soprattutto se si attende che il sole tramonti dietro allo skyline di Manhattan. Per saperne di più, c'è il capitolo "City map" (pag. 36).

Empire State Building

www.esbnyc.com

L'Empire State Building è uno dei simboli della città e forse il grattacielo più conosciuto del mondo. L'Empire si trova al 350 della Quinta Avenue, tra la 33th e la 34th Street, ed è aperto dalle 8 alle 2 del mattino, con l'ultimo ascensore all'1.15. Potete arrivare con le linee B, D, F, M e fermarvi alla stazione 34th-Herald Square.

Una curiosità: l'antenna televisiva dell'Empire State Building avrebbe dovuto funzionare come attracco per i dirigibili. C'era la balzana e affascinante idea di far approdare qui i dirigibili internazionali. Mi piace immaginare abbienti personaggi che da Boston o Chicago arrivavano a Midtown Manhattan per assistere a uno spettacolo di Broadway e si calavano dall'Empire.

Negli orari di punta, preparatevi ad affrontare anche oltre due ore di coda. Di solito, superata quella all'esterno dell'edificio che gira nella via d'angolo, vi aspetta a tradimento anche una fila all'interno e una dopo aver superato il primo ascensore. Il trucco è salire in tarda serata, dopo cena, anche senza prevendita: non c'è quasi mai la fila.

Fifth Avenue

La Quinta Strada è sinonimo di ricchezza che si esplicita in tutto il suo splendore in eleganti edifici, residenze storiche, musei e negozi di grandi firme. La Fifth Avenue nell'immaginario di ogni donna è il negozio di Tiffany, quello che compare nel film con Audrey Hepburn. Eppure la Quinta è una strada così lunga che, a seconda della zona che attraversa, assume diversi aspetti. La parte storica inizia a Washington Square Park nel Greenwich Village e arriva nel cuore di Midtown, lungo il lato est di Central Park in cui prende il nome di One Museum Mile e continua nell'Upper East Side fino ad Harlem, in cui termina presso l'Harlem River sulla 142nd Street. Il tratto compreso tra gli incroci con la 34th e la 59th Street, è una delle zone più amate per lo shopping di lusso. La curiosità legata alla Quinta Strada è che la stessa funge da linea di separazione per le streets di Manhattan: è come se tagliasse longitudinalmente in due l'isola e separa la East 59th Street dalla West 59th Street. Se non sapete dove vi trovate, tra East e West Side, controllate la vostra posizione rispetto alla Fifth Avenue.

Guggenheim Museum

www.guggenheim.org

Si trova al 1071 proprio della Fifth Ave, lungo il Museum Mile, ed è già straordinario dall'esterno: l'edificio fu progettato dal grande architetto Frank Lloyd Wright su commissione di Solomon R. Guggenheim, ma nessuno dei due vide l'opera terminata. L'inaugurazione del museo avvenne nel 1959, dopo la dipartita di entrambi. Il consiglio è quello di salire con l'ascensore fino all'ultimo piano del museo e di scendere a piedi la scalinata a rampa elicoidale lungo la quale sono esposte le opere a rotazione. Troverete capolavori firmati da artisti quali Picasso, Kandinsky, Manet, Gauguin, Georges Braque, Chagall, Cézanne, Degas, Joan Mirò, Mondrian, Renoir, Seurat, Toulouse-Lautrec, per citarne alcuni. La fermata della subway più vicina è 86th St, servita dalle linee 4, 5, 6 e Q. Da tenere presente: il lunedì potrebbe essere affollato perché altri musei di New York sono chiusi. Al sabato rimane aperto due ore in più (fino alle 20) con la formula "Pay What You Wish", cioè si può entrare con offerta libera invece dei 25 $ del biglietto standard.

High Line

www.thehighline.org

Erano numerose, nella prima metà del Novecento, le ferrovie sopraelevate a Manhattan, come ancora si trovano funzionanti a Chicago. Poi, sia per motivi di sicurezza, sia per l'inquinamento, si decise di dismetterle. E così successe a questa porzione di binari che sorgeva a nove metri da terra e che si inoltrava tra le botteghe e le macellerie del Meatpacking District, tra case misere e a volte fatiscenti. Grazie a un'associazione di residenti, la "Friends of High Line", si evitò l'abbattimento dell'infrastruttura. Oggi il parco si estende dalla 10th alla 34th Street e termina nel nuovo quartiere Hudson Yards, dove dove si trovano **The Vessel**, **The Shed** ed **Edge Observation Deck**, la terrazza panoramica esterna più alta dell'emisfero occidentale.

Dalla High Line si gode di una bella vista di **Little Island**, isola artificiale e parco pubblico a pochi passi dal Chelsea Market e dal famoso Pier 57. Se desiderate percorrere l'High Line per intero da sud a nord, entrate da Gansevoort Street.

La stazione più vicina è la 14th Street dove transitano le linee 1, 2 e 3 e la stazione 8th Avenue sulla linea L. Lungo il tragitto del parco che si allunga nel West Side ci sono altri ingressi: nelle strade 14th, 16th, 18th, 20th, 23rd, 26th, 28th, 30th, 34th (dalla piazza del The Vessel) e 11th Avenue.

Metropolitan Museum of Art

www.metmuseum.org

Il Met si trova lungo One Museum Mile, il miglio culturale della Quinta Strada, al civico 1000 e all'altezza della 82nd Street. Alle spalle si estende Central Park sul quale si affaccia il caffè sulla terrazza del Met. Il Metropolitan è il più importante museo di NYC e uno dei più completi al mondo. La sua collezione permanente vanta più di due milioni di opere d'arte, suddivise in diciannove sezioni. Sono esposte opere dell'antichità classica e dell'antico Egitto, dipinti e sculture dei grandi maestri europei ed è presente una ricca collezione di arte statunitense e moderna. Ci sono inoltre opere d'arte africana, asiastica, dell'Oceania, bizantina e islamica. Oltre all'esposizione permanente, il Met organizza e ospita grandi eventi itineranti durante l'anno.

Da non perdere: il Tempio di Dendur, i dipinti del Caravaggio, di El Greco e Vermeer, la Sala di Damasco, quadri di Monet, Cezanne, Degas, il *Baccanale* di Bernini, l'*Autoritratto con cappello di feltro* di van Gogh, la Sfinge di Hatshepsut, *Ritmo d'Autunno* di Pollock.

Per arrivare in metro, scendete alla fermata 86th Street delle linee 4, 5 e 6. Il Met è gratis o, meglio, a offerta: di solito si lasciano 30 $.

MoMA

www.moma.org

Dopo il rinnovamento del 2019, il MoMA ha riaperto con un ampliamento realizzato dallo studio d'architettura Diller Scofidio + Renfro, in collaborazione con Gensler. L'ampliamento del 30% in più della superficie espositiva museale ha permesso l'esposizione permanente di una serie di importanti capolavori come *La Notte Stellata* di van Gogh, *Les Demoiselles d'Avignon* di Picasso, *Il sogno* e *La Zingara addormentata* di Henri Rousseau, *La persistenza della memoria* di Salvador Dali.

L'arte otto-novecentesca non ha segreti per il MoMA perché è il museo che custodisce, nel mondo, alcuni dei capolavori più rilevanti. Si trova all'11 West della 53a Strada, tra la Quinta e la Sesta Avenue. Fondato nel 1929, il MoMA raduna al suo interno van Gogh, Picasso, Matisse, Warhol, Lichtenstein, Rothko, Pollock, Cézanne. Se già conoscete il MoMA, è questa l'occasione per rivederlo, in particolare i focus dedicati all'arte delle donne, alle opere degli artisti afroamericani, degli autori asiatici e latinoamericani. D'ora in poi, ogni anno varierà circa il 30% delle opere in esposizione, per permettere di mostrare anche ciò che è attualmente conservato in deposito. La rotazione delle opere d'arte è uno degli aspetti più interessanti del nuovo MoMA. Sono stati anche incorporati alcuni dei locali che facevano parte dell'American Folk Art Museum, che oggi si trova nell'Upper West Side.

Tra le novità, l'apertura anticipata di un'ora al mattino e il prolungamento dell'orario fino alle 21 ogni primo giovedì del mese.

Per arrivarci scendete alla stazione 5th Avenue-53rd Street sulle linee E, M. I biglietti d'ingresso costano 25 $; all'interno del museo ci sono alcuni ristoranti e caffè rinomati come Cafe 2, Terrace Cafè e lo stagionale **Garden Bar** che offre snack e gelati oltre al **The Modern** (www.moma.org/visit/eating), in cui è stata girata una scena del primo film di *Sex and the City*.

One World Trade Center

 www.oneworldobservatory.com

Quando parlate con un newyorkese, chiamatela "Freedom Tower". Il World Financial Center che si affaccia su Battery Park e sul fiume Hudson oggi si chiama Brookfield Place. E, accanto all'ingresso della Freedom Tower, sorgono il **9/11 Memorial & Museum – World Trade Center** (www.wtc.com), il **National September 11 Memorial & Museum** (180 Greenwich Street, 200 Liberty Street, www.911memorial.org) e l'**Oculus** dell'architetto spagnolo Santiago Calatrava, il World Trade Center Transportation Hub. L'Oculus è composto da una struttura con due grandi ali di acciaio alte circa 50 metri da terra ed è il terzo più grande centro di trasporto internodale della città: connette i treni Path, undici linee della metropolitana, le quattro torri del WTC, la piazza del memoriale, Brookfield Place e il terminal dei traghetti di Battery Park City. La Freedom Tower è il grattacielo più alto dell'emisfero occidentale con i suoi 541 metri e 33 centimetri d'altezza, cui si aggiungono altri 5 metri dell'antenna. Nell'unità di misura americana, il grattacielo è alto 1776 piedi, che corrisponde all'anno della dichiarazione d'indipendenza degli Stati Uniti. Si trova in Fulton Street al 285, all'angolo tra West Street e Vesey Street. Ci si arriva con numerose linee di metropolitana: A, C, J, Z, 2, 3, 4, 5 fermata Fulton Street-Broadway Nassau; 2 e 3 fermata Park Place; E fermata WTC; R fermata Rector o Cortland Street e la 1 fermata Rector Street.

Al 101° piano, all'*observation deck*, c'è un ristorante con vetrate che si affaccia su NY: la vista di cui si gode è paragonabile a quella dall'elicottero.

Rockefeller Center e Top of the Rock

www.topoftherocknyc.com

Lo stretto grattacielo art déco fu costruito negli anni della "grande depressione", come l'Empire, e il Rockefeller Center in quei difficili anni ha dato lavoro a migliaia di newyorkesi. È famosa la fotografia del pranzo – sospeso nel cielo – degli operai del cantiere del grattacielo (*Lunch atop a Skyscraper* di Charles C. Ebbets): è stata scattata il 20 settembre 1932 e quegli undici uomini erano seduti su una trave d'acciaio a 260 metri dal suolo, proprio sulla 50a Strada. Non si può osservarla senza provare un brivido. Sono due le attrazioni che calamitano tutti al Rockefeller sulla Quinta: il grande albero di Natale e la pista di pattinaggio sul ghiaccio. Lì, in Rockefeller Plaza, si trovano anche gli studios della televisione NBC e lo store dedicato. Il vero motivo per cui in una visita a NY bisogna inserire il Rockefeller Center, è per il suo osservatorio, il **Top of the Rock**. È quello che offre la vista più completa, fra tutti i punti panoramici della

città, perché si vedono Central Park e soprattutto
l'Empire State Building, che è proprio di fronte.
Solo il Chrysler resta coperto.

Times Square e Broadway

Più che una piazza, Times Square è il grande incrocio tra due strade importanti nel centro di Midtown Manhattan, 7th Avenue e Broadway, comprendendo però alcuni blocchi tra la 6th e l'8th Avenue e tra la W 40th Street e la W 53th Street. Più che un'attrazione singola, Times Square è l'atmosfera surreale che si vive a qualsiasi ora del giorno e della notte. Questo è anche il cuore di Broadway, la *fabbrica dei sogni* di NY.

Una curiosità: la celebre fotografia di Alfred Eisenstaedt che ritrae un marine e un'infermiera mentre si baciano, fu scattata a Times Square il 14 agosto 1945. Ogni cinque anni, da allora, a Times Square si organizza una giornata durante la quale tutte le coppie sono invitate a scambiarsi un bacio, come simbolo di pace e amore. I prossimi appuntamenti saranno il 14 agosto 2025 e il 14 agosto 2030. Leggete i capitoli "City map" (pag. 36) e "New York quando piove o fa freddo" (pag. 112).

New York d'estate o nelle belle giornate di sole

Neppure d'estate New York si svuota: chi ci vive e ha la fortuna di andare in qualche località più fresca o in villeggiatura nel fine settimana, lascia comunque il posto ai turisti e a chi non ha la possibilità di allontanarsi perché lavora. E la Grande Mela va incontro alle esigenze di chi deve sopportare il caldo cittadino.

Le spiagge

Coney Island, Brooklyn
www.coneyisland.com

La spiaggia di New York è Coney Island, con il suo grande parco-giochi che costeggia la passeggiata di legno, la famosa Boardwalk, con gli storici ristoranti, i negozi di caramelle, di giocattoli e di leccornie varie. Qui, a meno di un'ora da Midtown, si trovano ancora quelle atmosfere retrò e vintage che trasmettono nel contempo fascino e malinconia. Le attrazioni del parco-giochi sono aperte tutti i giorni dal Memorial Day, l'ultimo lunedì di maggio, al Labor Day, il primo lunedì di settembre. Il sito del Luna Park di Coney Island è www.lunaparknyc.com. Non perdete l'appuntamento del venerdì sera d'estate, alle 21.30, quando i fuochi d'artificio illuminano il

cielo di Coney Island e neppure la famosa e tra-
sgressiva **Mermaid Parade**, la sfilata delle sirene
tra metà e fine giugno. Leggete anche il capitolo
"City map" (pag. 36).

Hamptons, Long Island

Chi sceglie una gita fuori porta, va agli Hamptons
a Long Island, la parte più a sud-est della lunga
isola che si estende a oriente rispetto a NYC e che
comprende, nell'area ovest, Brooklyn e il Queens.
Se riuscite, organizzate la gita di un giorno agli
Hamptons durante la settimana, perché in alta
stagione i newyorkesi si riversano qui in massa
per sfuggire all'afa cittadina nei weekend.
Gli Hamptons sono una serie di villaggi: all'estremità occidentale della lunga striscia di spiaggia –
a ovest di Shinnecock Canal – si trova Hampton
Bays, Quogue e Westhampton. Quelli a est sono i
più modaioli e i più lontani, proprio verso la fine
della lingua di Long Island, tra cui la nota Southampton frequentata dall'alta borghesia americana. Più vicina è, invece, Long Beach, a meno di
50 km dalla città. Spiagge bianchissime e pulite,
un bel centro cittadino con negozi e ristoranti che
si affacciano sull'oceano Atlantico e una comunità
di surfisti sempre a caccia delle onde da cavalca-
re. Si arriva in treno con la Long Island Rail Road
(LIRR) (📶 new.mta.info/agency/long-island-rail-
road) e nel periodo estivo è previsto un treno diretto da Penn Station fino a Montauk con fermate
nelle città di Westhampton, Southampton, Brid-
gehampton e East Hampton. La partenza di questo treno è il venerdì pomeriggio e il servizio si
chiama Cannonball Hamptons, con rientro la domenica sempre nel tardo pomeriggio. La prima
cittadina negli Hamptons (Westhampton) si raggiunge da Manhattan in 95 minuti. Il costo è rile-
vante: circa 100 $ per a/r e i biglietti vanno acqui-

stati con un certo anticipo perché si esauriscono in fretta. Per raggiungere Montauk con il treno tradizionale il tempo di percorrenza è di circa tre ore e il costo per la sola andata di 30 $. Si può partire anche dall'Atlantic Terminal di Brooklyn.

Rockaway, Queens

A solo un'ora e un quarto da Midtown Manhattan c'è la spiaggia di Rockaway, nel Queens. Si trova a sud del JFK e si raggiunge in metropolitana (linea A) e, nei mesi estivi, con il traghetto che parte dal Pier 11 a Lower Manhattan (www. newyorkbeachferry.com) e che fa due fermate a Rockaway: Riis Landing e Beach 108th Street. Ci troviamo all'interno della zona protetta di paludi salmastre che prende il nome di "Jamaica Bay Wildlife Refuge" e a Rockaway Beach si arriva per godere del vento sulla pelle, per fare surf, per gustare la cucina a chilometro zero amata dagli hipster. Come a Coney Island non potete non gustare l'hot dog più famoso del mondo, se non siete vegetariane, quello di Nathan, così a Rockaway Beach dovete assaggiare i tacos di pesce ricoperti di guacamole di Tacoway Beach (302 Beach 87th St, Far Rockaway, www.tacowaybeach.com).

I rooftop

Manhattan è una città a più livelli: la metropolitana sotto terra, il traffico dei taxi gialli lungo le strade, le decine di piani dei palazzi che puntano verso il cielo. Ed è solo da lassù, dagli ultimi piani, che si possono ammirare i tetti della Grande Mela e rendersi conto di come sia davvero fatta questa città. Non c'è un unico punto di vista: ogni finestra, ogni tetto è in grado di offrire un panorama differente.

Spesso questi locali in terrazza o ai piani alti degli

edifici non hanno insegne, quindi non troverete le indicazioni lungo la strada, sono come dei club esclusivi di cui bisogna essere a conoscenza. Sono numerosi i rooftop che d'estate si trasformano in solarium con piscina. Molti di quelli elencati – divisi in *borough* – sono aperti tutto l'anno: prendete nota per un pasto, un salto in discoteca o un drink fino a tardi. Se siete in compagnia di figli non maggiorenni, verificate che possano entrare con voi per non dover rinunciare con dispiacere all'ultimo momento. Per sicurezza, portate sempre con voi il passaporto o un documento d'identità.

A Manhattan

230 Fifth (Midtown) è il più famoso tra i rooftop di New York. La vista sull'Empire State Building è mozzafiato, poi si riconoscono Chrysler Building, MetLife Building e lo skyline del New Jersey. Si trova al 20° piano di un edificio sulla Quinta e, aperto anche d'inverno, quando fa freddo si accendono i funghi per riscaldare e si possono utilizzare i mantelli rossi con cappuccio che sono offerti dai camerieri. Il sabato e la domenica è proposto il brunch dalle 10 alle 16. La consumazione non è obbligatoria, perciò potete salire anche per dare uno sguardo.
Si raggiunge con la metro linea N e R fino alla fermata West 29th Street & Broadway (230 Fifth Avenue all'angolo con la 27a Strada, www.230-fifth.com).

Azul Rooftop (Greenwich Village) si trova al confine con Soho e il Village, al 525 di Greenwich St, all'interno dell'Hotel Hugo un locale in cui degustare tacos e bere un drink ammirando il panorama sul New Jersey (www.azulrooftop.com).

Bar 54 (Times Square) fa parte di Hyatt Centric Times Square New York (135 W 45th St). Si trova al 54esimo piano dell'albergo proprio nel cuore pulsante di Manhattan. La vita notturna inizia qui (www.bar54nyc.com).

In Midtown East c'è **Bookmarks Lounge**, al 14° piano del Library Hotel. Il rooftop bar dell'albergo è un piccolo spazio letterario in cui anche i cocktail sono ispirati a scrittori e libri. Oltre al bar, ci sono altre due zone: il giardino dei poeti e l'angolo degli scrittori, con un caminetto (299 Madison Avenue, www.bookmarkslounge.com).

Broken Shaker at Freehand New York è un tropical bar ispirato all'originale che si trova a Miami, con vista sulla città, ottimi cocktail e stuzzichini (23 Lexington Ave, www.brokenshaker.com).

Empire Rooftop Bar, con piscina sul tetto al 12° piano. Si trova nell'Upper West Side e si gode della vista sul Lincoln Center, sulla Broadway e sul Columbus Circle (44 West 63rd Street, www.empirehotelnyc.com).

Gallow Green è un'oasi verde a Chelsea. È aperto 7 su 7 e il suo giardino fiorito è in grado di ritemprare chiunque nella frenesia di Manhattan. È consigliato prenotare online (542 W 27th St, mckittrickhotel.com/restaurants-lounges/gallow-green/).

Gramercy Terrace al 18° piano del Gramercy Park Hotel sulla Lexington. Ha una allure molto romantica creata grazie ai filari di viti piantati nel giardino e illuminati da centinaia di lucine che sono accese al tramonto (2 Lexington Avenue, www.gramercyparkhotel.com). Il locale riaprirà nel 2025.

L'**Harbor NYC Rooftop** si trova a Hell's Kitchen e, chiusa da grandi vetrate che danno sul fiume e sul New Jersey, è adibita soprattutto a ospitare eventi privati: dalle feste di compleanno alle presentazioni dedicate alla stampa, potendo contenere fino a 775 ospiti e da qualche tempo al sabato (dalle 15 alle 20) si può consumare una specie di brunch pomeridiano. (621 W 46th Street, www.harbornewyorkcity.com).

Haven Rooftop Bar è davvero un angolo di paradiso sopra la frenesia di Times Square ed è ispirato allo stile nautico. Si trova all'interno del Sanctuary Hotel New York (132 W 47th Street, www.havenrooftop.com).

A Soho c'è **Jimmy**. Si trova al 18° piano (18 stories up) dell'albergo James New York. Ampie vetrate, arredamento stile anni Settanta, pavimenti di legno e un camino. Jimmy d'estate si sposta anche sulla terrazza con piscina vista skyline (15 Thompson Street, www.jimmysoho.com).

Le Bain dello Standard Hotel è una vera e propria discoteca. Siamo nel Meatpacking District e il rooftop sovrasta l'High Line. Il pavimento è un manto erboso e Le Bain non si frequenta solo per sorseggiare un drink ammirando la città, ma soprattutto per i dj set. D'estate la creperia e la piscina sul tetto sono accessibili anche nel pomeriggio. La vista è sul New Jersey e sul fiume Hudson (444 West 13th Street, www.lebainnewyork.com).

The Lookup è il tetto del Kixby Hotel in Midtown West. Si trova al 13° piano e mette a disposizione 65 posti all'aperto e 50 al coperto. Apre dalle 16, chiuso domenica (45 W 35th St, thelookuprooftop.com).

Piace molto il suo stile accogliente e caldo in legno e grandi poltrone con ampia vetrata al 18° piano del Courtyard by Marriott New York Manhattan/Herald Square (71 W 35th Street, www.monarchrooftop.com). Si chiama **Monarch Rooftop Lounge** e offre una terrazza speciale che si affaccia direttamente sull'Empire State Building.

Una piccola piscina, comodi lettini per prendere il sole e la vista che arriva sino all'Empire: siamo nel LES, il Lower East Side, da **Mr. Purple**. Il rooftop bar & restaurant si trova al 15° piano dell'Hotel Indigo Lower East Side (180 Orchard Street, www.mrpurplenyc.com).

PHD Lounge fa parte del Dream Dowtown. Si trova al 12esimo piano dell'hotel al 355 W 16th St di Manhattan, non lontano dal Chelsea Market. È aperto tutti i giorni dalle 17 e promette di farvi conoscere le persone giuste, tra le mille luci della sera. In terrazza c'è anche la piscina (taogroup. com/venues/phd-lounge-new-york).

Al **Refinery Rooftop** se alzate lo sguardo attraverso il tetto in vetro vedrete apparire l'Empire State Building. E nella bella stagione la vetrata viene tolta. È aperto tutti i giorni dalle 11.30 e accetta un abbigliamento un po' meno formale degli altri roof (63 W 38th St, refineryrooftop.com).

Salon De Ning gioca con raffinatezza e glamour: decorato in stile Shanghai anni Trenta, si trova al 23° piano del Peninsula New York Hotel a Midtown East. Dalle sue vetrate si vedono Central Park e la Fifth Avenue. Il "dress code" è smart casual (700 Fifth Avenue, 55th Street)(www.peninsula.com/en/new-york/hotel-fine-dining/salon-de-ning-midtown-rooftop-bar).

Spyglass Rooftop Bar è aperto tutto l'anno perché combina spazi all'aperto e altri al chiuso, ma dotati di vista grazie alle ampie vetrate. Si trova al 22° piano dell'Archer Hotel (47 W 38th Street, www.spyglassnyc.com).

St Cloud Rooftop Bar (Midtown) si trova all'interno del Knickerbocker Hotel, una terrazza che si affaccia su Times Square, illuminata da migliaia di lucine. Da provare. (6 Times Square, 17th Floor, www.theknickerbocker.com).

Per uno spazio all'aperto più informale, si va al **Tavern29**. Ai grandi tavoli comuni servono burger e si può scegliere una birra da una lista davvero lunga. Intanto, dalla terrazza del palazzo che risale al XIX secolo, si ammira la Grande Mela di Park Avenue (47 E 29th Street, tra la Park e la Madison, www.tavern29.com).

The Cantor Roof Garden Bar è al quinto piano del Met. È un giardino pensile con vista esclusiva su Central Park East. Da una sorta di chiosco in terrazza, il bar si è attrezzato ed è diventato uno dei punti di ritrovo di artisti (e turisti) all'ora del tramonto per godere dello skyline del perimetro di Central Park. Si raggiunge con l'ascensore posto nella galleria dedicata alle sculture e alle arti decorative europee. È aperto dai primi di maggio a tutto ottobre, se il tempo lo permette. Dalla domenica al giovedì fino alle 16.30, il venerdì e il sabato sino alle 20.15 (1000 Fifth Avenue, www. metmuseum.org).

The Jane Hotel è uno dei rooftop bar più esclusivi di Manhattan. È aperto al pubblico solo su appuntamento. Siamo nel Meatpacking District. Costruito nel 1908 come casa per i marinai, The Jane Hotel è arredato come le cabine di una nave (113 Jane Street, www.thejanenyc.com).

The Roof rappresenta il lusso. Il rooftop bar si affaccia su Central Park ed è il set perfetto per scattare qualche foto al tramonto da postare sui social. Il venerdì e il sabato sera alla colonna sonora pensa il dj set (124 W 57th Street, www.theroofny.com).

The Skylark è aperto dal lunedì al venerdì, nel weekend si dedica agli eventi privati. Elegantissimo, con vista sull'Empire, su Midtown Manhattan, su Times Square e sul fiume Hudson, è uno dei rooftop più alti della città perché si trova al 30° piano di un edificio di Times Square South. Dress code: business e upscale casual (200 W 39th St, 30th floor, www.theskylarknyc.com).

The View Restaurant & Lounge, 48 stories sopra Times Square, offre una vista a 360 gradi sulla città perché il pavimento ruota completamente nel giro di un'ora. Le grandi vetrate non lasciano nulla di nascosto. È lounge e ristorante (1535 Broadway, www.theviewnyc.com).

THOR sta per "The Hotel on Rivington" e si tratta del rinomato ristorante con vista sulla città all'ultimo piano dell'albergo omonimo. Siamo nella storica zona del Lower East Side e il rooftop si chiama **The Penthouse**. Le grandi vetrate danno su Manhattan e gli oggetti d'arredo sono firmati dai più importanti designer internazionali. L'ingresso è molto selezionato, occhio al dress code e informatevi prima di andare se la location è prenotata per qualche evento privato (107 Rivington Street, www.hotelonrivington.com).

Top of the Strand è all'ultimo piano del Marriott Vacation Club, in Midtown West, e gode di uno dei più bei panorami sull'Empire State Building. Ogni giorno alle 17 il 21° piano dell'albergo diventa il punto di ritrovo e d'incontro di giovani professionisti di Manhattan. Il tetto in cristallo si può chiudere e fa sì che il Top of the Strand sia utilizzabile anche nelle giornate fredde. È uno spazio ristretto, andate in anticipo (33 W 37th Street, www.topofthestrand.com).

Anche **Upstairs at The Kimberly** non scherza con l'altezza perché si trova al 30° piano dell'hotel omonimo. La sua grande terrazza è quasi una rarità a Manhattan, dove di solito ci si deve stringere, ognuno col proprio drink in mano. Qui invece l'area corre tutta intorno all'edificio regalando anche una vista a 360 gradi sulla città. Ha uno spazio interno e uno esterno e si trova di fronte al Chrysler Building. Qui si viene non solo di sera: dal lunedì al venerdì all'Upstairs si può fare colazione, il sabato e la domenica organizzano il brunch (145 E 50th Street, www.upstairsnyc.com).

A Brooklyn

A Williamsburg c'è **Berry Park**, che offre una vista sullo skyline di Manhattan da mozzare il fiato. Il brunch è servito tutti i giorni, ma il rooftop in alcuni periodi è aperto solo nel weekend, perciò controllate prima sul sito. Arrivateci con la metro L e scendete nel mezzo della *movida* a Bedford Avenue, oppure la linea G fermata Nassau Avenue (4 Berry Street, Williamsburg, www.berryparkbk.com).

Vicino all'East River e Brooklyn Bridge Park, fate una sosta da **Harriet's Rooftop** (www.1hotels. com) all'interno di 1 Hotels con vista su Lower Manhattan e Brooklyn Bridge. Esperienza indimenticabile. L'indirizzo è 60 Furman St.

Rooftop Reds è davvero un roof particolare poiché si tratta di un'azienda vinicola situata sul tetto del quartiere Navy Yard di Brooklyn. Ebbene sì: nel 2016 è stato il primo vigneto urbano al mondo. Rooftop Reds offre una vista mozzafiato su Lower Manhattan e serve ottimo vino autoctono (299 Sands St, Building 275, www.rooftopreds. com).

Westlight NYC ha un'ampia terrazza che si affaccia sullo skyline di Manhattan e una zona interna riparata da una vetrata. Si trova al 22° piano dell'edificio e la cucina è gestita dallo chef Andrew Carmellini. Prenotate un tavolo per non dover fare la fila all'ingresso (111 N 12th St, www.westlightnyc.com).

A pochi passi dal lungofiume e di fronte alla fabbrica della birra di Brooklyn, sempre a Williamsburg si trova uno degli alberghi più affascinanti di New York, il bellissimo **Wythe Hotel**. Il rooftop nell'ex fabbrica in mattoni rossi con vista strepitosa su Manhattan si gode dal **Bar Blondeau** che fa anche ottimi cocktail (80 Wythe Ave, Williamsburg, www.barblondeau.com).

Altri rooftop a Williamsburg

In stile francese **Juliette** al 135 N della 5th Street (angolo Bedford Avenue), www.juliettewilliamsburg.com; al **Night of Joy** bisogna provare il *frozen pomegranate margarita* per 6$, è al 667 di Lorimer Street (Meeker Avenue) e apre dopo le 17, www.nightofjoybar.com; ristorante giapponese di alto livello ma a prezzi democratici al **Brooklyn Ball Factory** al 95 di Montrose Avenue (tra Leonard Street e Manhattan Avenue, www.brooklynballfactory.com); guacamole, veggie tacos, watermelon margarita da **Zona Rosa**, 571 Lorimer Street, www.zonarosabrooklyn.com. **Coda Williamsburg Hotel & Pool** ha una delle piscine più grandi di NYC con il rooftop bar con vista su Manhattan (160 N 12th Street, tra Berry Street e Bedford Avenue, www.codahotels.com). Ancora un panorama imperdibile su Manhattan dal roof al ventiduesimo piano di **The William Vale** a nord di Williamsburg. I binocoli sulla terrazza con piscina permettono di vedere da vicino i grattacieli di Midtown, www.thevilliamvale.com, 111 N 12th St. Il rooftop di **Our**

Wicked Lady al 153 di Morgan Avenue a East Williamsburg è molto informale e ospita una comunità di artisti, www.ourwickedlady.com.

Al Queens

Il Queens con Long Island City offre uno dei panorami più belli su Midtown e Upper Manhattan e così i suoi rooftop.

- Yoga alla **Brooklyn Grange Rooftop Farm**: si tratta di una vera fattoria al 37-18 Northern Boulevard a LIC; qui si coltiva all'ultimo piano di un edificio e con lo sguardo rivolto verso lo skyline di Manhattan (www.brooklyngrangefarm. com, c'è una sede anche a Navy Yard, Brooklyn).

- **Lost in Paradise Rooftop** ogni mercoledì organizza la serata karaoke, ma qui si viene per la vista senza eguali su Manhattan. E anche per il brunch che dura tutto il giorno la domenica: dalle 13 alle 19. Chiuso lunedì (11-01 43rd Ave, www.lostinparadiserooftop.com).

- **Ravel Hotel** a LIC (Long Island City) ha un rooftop su East Manhattan e sul Queensboro Bridge, e soprattutto il venerdì sera è una meta imperdibile. È aperto tutto l'anno dopo le 17 (8-08 Queens Plaza South, tra Vernon Boulevard e la 9th Street, www.ravelhotel.calls.net).

- **The Vista Sky Lounge** ha una terrazza che dà su Midtown East e sul Queensboro Bridge. Il locale si trova all'interno del Four Points by Sheraton di Long Island City. Aperto tutti i giorni, ha una zona all'aperto in terrazza e l'area ristorante è chiusa da ampie vetrate (27-05 39th Avenue, Long Island City, www.vistalic.com).

I parchi e le piscine

Astoria Park, Queens

www.nycgovparks.org

Un vero gioiello al Queens, l'Astoria ha una circonferenza di circa mezzo miglio ed è molto amato per fare jogging con vista, poiché si affaccia sul bellissimo ponte ad arco Hell Gate e sul Wards Islands Park, all'altezza di Upper Manhattan e di Harlem.

All'Astoria Park sono presenti aree attrezzate per i bambini, campi da basket e da tennis, una grande piscina e una zona dedicata allo skateboard. L'Astoria Pool (19th Street e 23rd Drive, LCI, www.nycgovparks.org/parks/astoria-park/facilities/outdoor-pools/astoria-pool) è una piscina olimpionica gratuita aperta da giugno a settembre.

Brooklyn Bridge Park, Brooklyn

www.brooklynbridgepark.org

Si trova sul lungofiume dell'East River, proprio sotto il Ponte di Brooklyn, e vanta un'incredibile visuale di Lower Manhattan. Oltre alla possibilità di fare una passeggiata e di rilassarsi, il BBP offre

E se il rooftop non fosse solo un luogo in cui andare a bere un drink? **Gotham Greens**, fondata a Brooklyn nel 2009, è un'area urbana riconvertita a serra e coltivazione di verdure ed erbe aromatiche.
Le sedi a NYC sono tre: Greenpoint e Gowanus a Brooklyn e Hollis nel Queens. E negli ultimi quattro anni ne sono state aperte altre dieci negli Stati Uniti. I prodotti di Gotham Greens si trovano in vendita nella Grande Mela, sul sito sono indicati i rivenditori.
www.gothamgreens.com

tantissime opportunità di praticare sport. Sui pontili sono stati allestiti dei campi sportivi e delle piste ciclabili. La posizione non è ancora stata ben definita, ma si è al lavoro per aprire al pubblico nel 2025 la Floating Pool con accesso dal BBP e vista su Lower Manhattan. Una piscina galleggiante potrebbe presto cambiare la situazione recuperando l'acqua del fiume della città per uso pubblico. +POOL, un'organizzazione che promuove un accesso equo alle acque che circondano New York, ha recentemente ricevuto 16 milioni di dollari in finanziamenti statali e cittadini per creare la prima struttura natatoria urbana alimentata da un fiume negli Stati Uniti.

Le fanatiche dello sport – o se si vogliono ammirare fisici ben scolpiti – possono recarsi al **Pier 2** e al **Pier 5**: ci sono macchine per workout, campi da volley, da calcio e da basket. In particolare al Pier 2 una parte dell'area sportiva è al coperto, cosa che risulta utile se piove o se il sole è molto forte. Al **Pier 4** c'è una spiaggia che si affaccia sui grattacieli di Manhattan, lo **Squibb Park Bridge** è un ponte elastico che collega Brooklyn Bridge Park con la Promenade e ne vedete uno scorcio sulla copertina di questa guida. La pista ciclabile Greenway va dal Pier 1 al Pier 6. Potete superare il Ponte di Brooklyn (verso DUMBO) e arrivare fino al bellissimo carosello vintage, il **Jane's Carousel.** Per mangiare qualcosa in zona, potete regalarvi un pasto al The River Café (1 Water Street, www.therivercafe.com) ai piedi del Ponte di Brooklyn, assaggiare la pizza di Fornino al Pier 6 (www.fornino.com, che ha anche altre due sedi: una a Greenpoint, 849 Manhattan Avenue e una a Williamsburg, 187 Bedford Avenue), ordinare un burger (anche veggie) da Shake Shack (1 Old Fulton Street, DUMBO, all'angolo con Water Street).

Bryant Park, Manhattan

www.bryantpark.org

A pochi passi da Times Square, Bryant Park si trova a Midtown ed è un prezioso polmone verde per questa zona così centrale e affollata, nel quale è davvero possibile trovare quiete e tranquillità. Bryant Park è la meta ideale per un caffè al mattino o per una pausa dopo un giro di shopping. È qui che da ormai una decina d'anni ogni estate si organizzano lezioni di yoga. Ma anche tai-chi, *juggling*, ovvero l'arte circense della giocoleria, scherma e danza con Limon Dance Company (www.limon.org), *reading room* e lezioni in cui si impara a sferruzzare. Dal 1986 a Bryant Park esiste l'iniziativa Adopt-a-Bench per adottare una panchina del parco e mantenerlo in buono stato. Sappiate, però, che adottare una panchina di Bryant Park ha un costo elevato: 10 mila dollari. La stessa cosa si può fare a Central Park, per lo stesso prezzo, infatti a gestire l'organizzazione è sempre Central Park Conservancy www.centralparknyc.org/giving/adopt-a-bench.

A un costo più ridotto, 150 $, potete farvi incidere, più o meno per la durata di tre anni, su una placca un testo (non pubblicitario) di massimo 45 caratteri su una delle panchine di Bryant Park. La placca potete posizionarla voi sulla panchina che vi sarà indicata, oppure verrà posizionata per conto vostro e vi verrà inviata una fotografia shop.bryantpark.org/products/chair-plaque-in-bryant-park-1?variant=245654122.

Central Park, Manhattan

www.centralpark.org

È il parco più famoso al mondo. Forse per la sua posizione incredibile tra i grattacieli, forse per la sua forma così regolare, forse per tutte le storie che vi sono state ambientate. Insomma, ci fa sempre battere il cuore. I newyorkesi lo amano sia per una passeggiata e un picnic, sia per andare a pattinare in inverno, sia per praticare attività fisica. Come una corsa intorno al Reservoir per 1,58 miglia, circa due chilometri e mezzo. Le cosiddette "quiet zones" a Central Park sono Strawberry Fields, Sheep Meadow, Conservatory Garden, Shakespeare Garden e Turtle Pond.

Tra le cose da fare e vedere a Central Park vi consiglio: un giro al **Carosello** all'altezza della 65th Street, la **Bethesda Terrace** con la fontana *Angel of Waters* all'altezza della 72a Strada; **Strawberry Fields** con il mosaico bianco e nero dedicato a John Lennon (nel West Side, tra la 71a e la 72a); il grande viale alberato **The Mall** che parte (o arriva) proprio dalla Bethesda Terrace (tra la 66th e la 72nd Street) e che è incorniciato da 150 olmi americani; il **Dakota Building** di fronte a Strawberry Fields, dove ha abitato John Lennon (e in cui ancora vive Yoko Ono); il vittoriano **Belvedere Castle** (dalla cui torre il National Weather Service valutava le condizioni meteorologiche della città); il **Bow Bridge** caratterizzato da un elegante profilo in ghisa e che attraversa il lago; la statua di *Alice nel Paese delle Meraviglie* (East Side, 74a Strada). Per un percorso dettagliato all'interno di Central Park, andate a pag. 53-58.

Tra gli appuntamenti culturali, ci sono il *Summer Stage* (www.summerstage.org) e *Shakespeare in the Park* al Delacorte Theater (i biglietti gratuiti si possono ritirare ogni giorno dalle ore 13 sul posto o al Public Theater al 425 di Lafayette Street, www.publictheater.org). Per chi ama la musica classica, ci sono i concerti *New York Philharmonic in the Park* e *Metropolitan Opera in the Park* che spesso chiudono con uno spettacolo di fuochi artificiali (www.newyorkphilharmonic.org e www.metopera.com). I volontari del parco organizzano anche tour guidati di gruppo al massimo con sei persone, per accordarvi potete scrivere una mail a: ✉ tours@centralparknyc.org.

Per le runner: il *park drive* – la strada asfaltata su cui transitano anche automobili e biciclette – misura 9,7 km. Quasi tutti i fine settimana nel parco si svolge una gara organizzata dai New York Road Runners.

Anche la **Maratona di New York** termina a Central Park, di fronte al ristorante Tavern on the Green, all'incrocio tra Central Park West e la 67a Strada (🔊 www.nycmarathon.org).

Tavern on the Green un tempo non era che l'ovile che ospitava le pecore che pascolavano a Sheep Meadow (🔊 www.tavernonthegreen.com).

Per le varie attività sportive organizzate a Central Park e sempre in aggiornamento c'è il sito internet 🔊 www.centralpark.org/sports.

Gantry Plaza State Park, Queens

🔊 www.gantrypark.com e www.nysparks.com

Siamo nel Queens, a sud del Queensboro Bridge e a nord di Long Island City. Il Gantry Plaza State Park si affaccia sull'East River con vista su Midtown Manhattan, compreso l'Empire State Building e il palazzo delle Nazioni Unite. Ci si può rilassare sui moli del parco e sulle panchine rivolte verso lo skyline di Manhattan e immerse in un giardino curato. Ci sono aree ricreative come campi da basket, piste pedonali su cui fare jogging, giochi per i bambini e un pontile dedicato alla pesca. È uno degli spot migliori per l'osservazione dei fuochi d'artificio la sera del 4 luglio.

High Line Park, Manhattan

🔊 www.thehighline.org

Non è solo un'ex linea ferroviaria sospesa, che ha ripreso vita grazie a un combattivo comitato di quartiere, ma un punto di ritrovo e una delle zone più vive e amate nell'East Side dell'Isola. Per altre informazioni, leggete il capitolo "Gli imperdibili" (pag. 81).

Madison Square Park, Manhattan

www.madisonsquarepark.org

È in questo parco ai piedi del Flatiron Building che si riversano i newyorkesi nelle pause di lavoro. Verdissimo e al centro della vita dei rampanti professionisti, Madison Square Park è davvero un'oasi tra i grattacieli di Manhattan. Siamo tra la Fifth Avenue e la Madison, all'altezza della 23rd e della 26th Street. Acquistate qualcosa da Eataly o da Shake Shack e andate a gustarlo nel parco.

Paley Park, Manhattan

www.paleypark.org

Questo è un parco tascabile e poco conosciuto che si trova al numero 3 della 53rd Street nell'East Side dell'Isola. Qui aveva la sua sede l'esclusivo Stork Club, demolito nel 1966 e di cui sono rimaste le tracce che ora ornano il Paley Park: uno schermo d'acqua contro una parete con lo scroscio che nasconde i rumori provenienti dalla strada e alte mura coperte di edera che formano un giardino verticale. Allo Stork andavano Marylin Monroe, i Kennedy, Frank Sinatra, Charlie Chaplin, Ernest Hemingway.

Prospect Park, Brooklyn

www.prospectpark.org

Il polmone verde di Brooklyn è il fratello di Central Park e, come il parco di Manhattan, anche qui sono organizzati concerti gratuiti e sono presenti impianti sportivi per chi vuole praticare attività all'aperto, tra cui campi da baseball e da basket, da calcio e da tennis. Canottaggio e giochi d'acqua si tengono al Lakeside, il grande lago che d'inverno ospita una pista di pattinaggio. Da non perdere è il Brooklyn Botanic Garden (990

Washington Avenue, 🔊 www.bbg.org) con più di 10.000 piante, dal roseto alla sezione giapponese, fino al giardino roccioso e agli stagni con le piante acquatiche. Tra la fine di marzo e l'inizio di aprile sono da visitare la **Daffodil Hill** e la **Magnolia Plaza** in fiore. Aprile è anche il mese di fioritura dei ciliegi nel giardino giapponese. Il **Japanese Hill-and-Pond Garden** è uno dei giardini d'ispirazione giapponese più antichi al mondo al di fuori del Sol Levante. Qui si può anche organizzare *hanami*, l'osservazione dei fiori di ciliegio e, alla fine del mese, si tiene il *Sakura Matsuri Festival*.

Sempre a metà primavera vale la visita per una passeggiata lungo la **Cherry Esplanade**, un viale incorniciato dai ciliegi che si trasforma in una nuvola di petali bianchi e rosa. Tra fine maggio e giugno fiorisce il **Cranford Rose Garden**, una delle attrazioni più popolari del parco. Alcune delle rose coltivate risalgono addirittura al 1927. Tra luglio e settembre sboccia la **Lily Pool Terrace**, con le vasche delle ninfee e dei fiori di loto.

L'autunno è la stagione ideale per il **Rock Garden**, il giardino roccioso. Il parco si può visitare con piacere anche in inverno perché si può godere del calore dello **Steinhardt Conservatory**, con palme, orchidee, piante tropicali e una vasta collezione di bonsai (pag. 72).

Riverside Park, Manhattan

🔊 www.nycgovparks.org

Siamo nell'Upper West Side, quasi ad Harlem. Il Riverside Park si affaccia sul fiume Hudson e si allunga fino a Morningside Heights.

Quando in città sale la temperatura, anche il Riverside Park è un luogo in cui rifugiarsi con piacere. Si può praticare jogging nelle giornate meno afose e fare una passeggiata in tranquillità quando il caldo si fa opprimente.

Qui nell'Upper dell'isola si svolge il *Summer on the Hudson*, un festival da maggio/giugno a settembre che propone una stagione estiva ricca di eventi per tutte le età: dal pilates allo yoga, dai concerti al tango, dalla zumba alla ginnastica dolce per la terza età (*senior movement*).

The Battery Park, Manhattan

www.thebattery.org

Siamo proprio sulla punta sud di Manhattan, a pochi passi, alle nostre spalle, il Financial District e Wall Street, ci si può rilassare su una panchina con vista sul New Jersey, sulla baia di New York e, nelle giornate più limpide, sulla Statua della Libertà.

È da qui che partono i battelli per la Statua della Libertà ed Ellis Island e per Staten Island (www.statuecruises.com).

Union Square, Manhattan

www.nycgovparks.org

La piazza in cui davvero ci si rende conto del *melting pot* che vive a NYC è Union Square e, sebbene sia un'area adibita a giardino, a volte è così affollata che sembra possa fare più caldo qui che in qualsiasi altro punto a Manhattan. Si sono dati tutti appuntamento in Union Square: artisti di strada, manifestanti, studenti, poeti, skater e giocatori di scacchi.

A seconda delle stagioni si organizzano sempre mercati biologici (come Union Square Monday Greenmarket, ogni lunedì dalle 8 del mattino alle 18, www.grownyc.org), piccole fiere o esposizioni.

Washington Square Park, Manhattan

www.washingtonsquareparkconservancy.org

www.nycgovparks.org

Si trova nel cuore del Village ed è una delle oasi di relax quando a Manhattan il sole non dà tregua e si cerca un po' di frescura dopo qualche ora di shopping nella vicina Soho e nel Villa. Qui si trova la New York University che possiede la maggior parte degli edifici che incorniciano il parco. Washington Square Park è stato chiuso al traffico nel 1964 e oggi è un'area verde ricca di fiori e di spazi dedicati ai cani. Anche qui si organizzano momenti riservati ai bambini, corsi di yoga e proiezioni di film sull'erba (*Films on the Green*, portate con voi un plaid). Trovate anche ad attendervi giocatori di scacchi che non vedono l'ora di iniziare una nuova partita con voi.

Altri giardini e strutture sportive

Per sconfiggere l'afa, si può trovare refrigerio anche in altri luoghi, come la **McCarren Park Pool** di Greenpoint a Brooklyn (776 Lorimer Street, www.mccarrenpark.com) a cui si accede gratuitamente. Nell'Upper East Side di Manhattan la **Asphalt Green** offre campi e lezioni di nuoto (555 E 90th Street, www.asphaltgreen.org).
C'è anche una seconda location di **Asphalt Green a Battery Park**, a nord di Brookfield Place (212 N End Avenue).
Ancora a Manhattan, lo **Sports Center at Chelsea Piers** offre una nuotata nella piscina olimpionica e corsi di nuoto. Sono possibili abbonamenti stagionali. Ai Chelsea Piers potete giocare a golf o a tennis sul lungofiume dell'Hudson e con vista sul New Jersey (www.chelseapiers.com). Ha aperto **Manhattan Park Pool Club** (36 River Rd, manhattanpark.com) a Roosevelt Island. Una stravagante piscina con vista su Midtown Manhattan. Aperta solo d'estate.

Governors Island

Nei mesi estivi è possibile visitare l'isola-giardino Governors Island. Da fine maggio a fine ottobre, dalle 10 alle 18, le 19 nel fine settimana, l'isola di poco più di quattro chilometri quadrati ospita una serie di appuntamenti artistici, culturali e ricreativi. Per duecento anni zona militare "off limits", oggi è una delle aree verdi preferite dai newyorkesi.

Per raggiungere Governors Island si prende il battello che parte da Lower Manhattan, dal Battery Marittime Building, 10 South Street. Si può partire anche dal Pier 6 del Brooklyn Bridge Park, a Brooklyn. Il biglietto è gratis il sabato e la domenica fino a mezzogiorno (www.govisland.com).

Forse non tutti sanno che nel West Village c'è una piscina pubblica i cui muri sono stati dipinti da **Keith Haring** nel 1986. Si chiama **Tony Dapolito Recreation Center** e si trova all'angolo tra Clarkson Street e la Settima Avenue. I murali raffigurano pesci e bambini e forme astratte in nero, bianco, giallo e blu, tipiche dello stile di Haring. Al momento è chiusa per restauri, ma ci auguriamo che riaprano presto quest'opera d'arte e pezzo di storia di Manhattan.
 www.nycgovparks.org

New York quando piove o fa freddo

La pioggia potrà rovinare i vostri programmi della giornata, ma di certo non sarà mai un ostacolo per visitare New York: dovrete forse rinunciare a qualche passeggiata all'aperto, ma alcuni luoghi al coperto sono così vasti che soddisferete anche la vostra voglia di muovervi.

American Folk Art Museum

www.folkartmuseum.org

L'American Folk Art Museum si trova nell'Upper West Side, a poche centinaia di metri da Central Park ed è un ottimo rifugio se vi coglie la pioggia all'improvviso mentre siete nel parco. Questo museo si dedica alla valorizzazione dell'arte popolare e delle espressioni creative di artisti contemporanei autodidatti provenienti dagli Stati Uniti e dall'estero. Non perdete le opere di **Ralph Fasanella**, artista di origine italiana. Il museo si trova al civico 2 di Lincoln Sq ed è gratuito.

Apple Store Fifth Avenue

www.apple.com/retail/fifthavenue

Si trova all'angolo sud-est di Central Park, al 767 della Fifth Avenue, e si entra attraverso un grande cubo di vetro. La vostra passeggiata tra un negozio e l'altro sulla Quinta può iniziare proprio da qui e poi siete anche a due passi da **One Mile Mu-**

seum, dove sorgono alcuni dei musei più interessanti di NYC (vedi anche "City map", pag. 36). L'Apple Store sulla Quinta è aperto tutti i giorni tutto l'anno e 24 ore su 24.

Broadway e off-Broadway

Assistere a uno spettacolo teatrale di Broadway è una tradizione newyorkese, anche se non siete appassionate di musical. Se l'inglese non è il vostro forte, non temete, perché musiche e coreografie sono molto coinvolgenti. Ci sono spettacoli pomeridiani, che costano meno, e serali. È consigliabile acquistare in anticipo il biglietto sui siti www.citysightsny.com e www.cityexperts.com. Potete acquistare il ticket anche al botteghino del teatro e, se siete fortunate, potreste trovarli anche scontati (Rush ticket e SRO ticket, ovvero *standing room only*, cioè posti in piedi). TKTS (www.tdf.org) vende biglietti scontati sia per spettacoli Broadway sia off-Broadway, ma di solito le file sono molto lunghe: lo sportello più famoso è in **Times Square**, sotto la gradinata rossa in mezzo alla piazza.

Ne trovate altri due in **South Street Seaport** (199 Water Street) e a **Brooklyn Downtown** (1 MetroTech Center, tra Jay Street e Myrtle Avenue Promenade). Al di fuori del giro dei teatri più fa-

Due biglietti al prezzo di uno? Si può, ma solo due volte all'anno (inverno ed estate) in bassa stagione: la **Broadway Week** e la **Off-Broadway Week** offrono l'opportunità a newyorkesi e a turisti di assistere ad alcuni dei migliori spettacoli in calendario, segnate in agenda le date in anticipo: www.nycgo.com/broadwayweek e www.nycgo.com/offbroadwayweek.

mosi, ci sono gli spettacoli off-Broadway e con il termine "off-off-Broadway" si intendono quelli sperimentali e d'avanguardia in piccoli teatri.

City Hall Subway Station

www.nytransitmuseum.org/oldcityhall

Questo è un vero gioiello a Manhattan: si tratta di una stazione metro fantasma, ma ancora visitabile. Siamo proprio sotto al City Hall e la stazione, inaugurata nel 1904, fu poi chiusa il 31 dicembre 1965. I soffitti sono arcuati e mosaicati, alcune parti sono in vetro colorato e la banchina e il tunnel sono illuminati dalla luce naturale.

Fino a qualche anno fa, restando sul vagone all'ultima fermata Brooklyn Bridge-City Hall sul treno della linea 6, si riusciva a intravedere questa bellissima stazione. Oggi invece è possibile visitare la banchina abbandonata solo partecipando a un tour le cui date, quasi sempre *sold out*, sono stabilite mese per mese. Bisogna essere membri e acquistare il biglietto appena mettono in vendita la nuova data. Il ticket costa 50 $.

Grand Central Terminal

www.grandcentralterminal.com

89 E 42nd Street

Anche se non dovete salire su un treno, è una tappa da non perdere. Osservate il magnifico atrio **Main Concourse** con i pavimenti di marmo rosa e le biglietterie d'epoca, il soffitto con la volta celeste (il cielo è capovolto come se a guardarlo fosse Dio), l'orologio nell'atrio principale dove si trova il banco informazioni, poi all'esterno il grande orologio in vetro di Tiffany che misura quattro metri di diametro e la facciata in granito che dà sulla 42a. Provate il **Grand Central Oyster Bar & Restaurant** (www.oysterbarny.com) vicino alla **Whispering Gallery** (sussurrate qualcosa contro il muro e l'altra persona lo udirà al lato opposto della galleria) e ordinate le ostriche. C'è anche il chiosco Shake Shack. Se vi venisse voglia di giocare a tennis, al quarto piano si trova il **Vanderbilt Tennis Club** (www.vanderbilttennisclub.com). Bisogna fare forse cinque passi allo scoperto, in caso di pioggia, forse neanche questi, per arrivare all'adiacente **One Vanderbilt** dove si trova **SUMMIT**, il punto di osservazione e di intrattenimento che piacerà anche ai bambini. Per altre informazioni, leggete il capitolo "City Map" (pag. 36).

Lincoln Center
www.lincolncenter.org

Se smette di piovere, gironzolate fra i tre edifici originali del Lincoln Center, quelli che circondano la **Revson Fountain** e che si affacciano sulla piazza principale del complesso sulla Columbus Avenue, tra la 62nd e la 65th Street. Sono la **Metropolitan Opera**, l'**Avery Fisher Hall** e il **David H. Koch Theater**. Di sera la fontana si colora di giochi di luce e ricorda gli spettacoli tipici di Las Vegas. Date anche uno sguardo alla **Alice Tully Hall,** all'angolo tra la 65th Street e la Broadway. Se ricomincia a piovere, mettetevi al riparo e curiosate negli interni. Il Lincoln Center of the Performing Arts si trova al 10 di Lincoln Center Plaza, nell'Upper West Side.

Metropolitan Museum of Art
www.metmuseum.org
Vedi il capitolo "Gli imperdibili" (pag. 81).

Museum of Modern Art e Top of the Rock
www.moma.org
www.topoftherocknyc.com

È sulla Fifth Avenue ed è il museo adatto per ospitarvi in una giornata di pioggia o particolarmente fredda, tra un negozio e l'altro. Poi potete salire al Top of the Rock del Rockefeller Center e godervi la città dall'alto e al caldo. Le informazioni per il MoMA e il Top of the Rock sono nel capitolo "Gli imperdibili" (pag. 81).

New York Public Library

www.nypl.org

Proprio alle spalle del Bryant Park, si trova la NY Public Library con il maestoso ingresso tra la Fifth Avenue e la 42a Strada, difeso dai due leoni di marmo: *Patience* e *Fortitude*. Entrate a visitarla e fate silenzio: resterete senza fiato per il soffitto a cassettoni della **Rose Main Reading Room**.

Whitney Museum of American Art

www.whitney.org

I capolavori dell'arte contemporanea americana della seconda metà del Novecento sono conservati al Whitney Museum che, dopo aver cambiato sede più volte, ora si trova al 99 di Gansevoort Street. Fondato negli anni Trenta, al Whitney sono esposte opere da Edward Hopper a Jasper Johns, da Georgia O'Keeffe a Mark Rothko fino a Jackson Pollock. La nuova sede è stata realizzata su progetto di Renzo Piano. Non perdete la sala con vetrata che si affaccia sul fiume Hudson e salite sulle terrazze. Molto spesso per le interessanti esposizioni permanenti capita che non si riescano a trovare biglietti in vendita all'ultimo minuto. Se volete visitare il Whitney, vi conviene organizzare per tempo acquistando il biglietto appena decidete le date del vostro viaggio a New York.

Spa e benessere

- **Guerlain Spa at The Plaza** (1 W 58th St FL 4, www.guerlainspas.com). Si trova al quarto piano del Plaza, uno degli alberghi più prestigiosi di Manhattan, ed è firmata da Guerlain.

- **Savor Beauty + Spa** (327 West 11th Street, 448 Columbus Ave, www.savorbeauty.com): la spa offre trattamenti per il viso e il corpo, anche olistici, e quello di vino terapia. Nei mesi invernali ordinate il *winter rescue facial*, che ricarica il viso di vitamina C.

- **The Peninsula Hotel** (700 Fifth Ave, 55th Street, www.peninsula.com/en/new-york/5-star-luxury-hotel-midtown-nyc) incorpora una delle migliori SPA del Nord America, definita "an urban oasis". Sono presenti la sala vapore con aromaterapia, la sauna finlandese, la doccia emozionale. C'è anche una piscina a vetri con vista su Midtown East. Tre ore di trattamento possono costare fino a 690 $.

- **The Spa at Mandarin Oriental** (80 Columbus Cir, www.mandarinoriental.com/en/new-york/manhattan/spa). All'interno del Mandarin Oriental si può fare non solo una seduta di massaggi,, ma a disposizione dei clienti ci sono anche le terme, c'è la sala da tè in stile orientale e l'area fitness dotata di piscina con vista sulla città.

Sport al chiuso

- **Crunch Fitness** ha oltre venti location a New York e alcune sono in via di apertura, (www.crunch.com). Questa catena di palestre super innovative che da poco ha soffiato sulle sue prime trenta candeline, ha anche un motto, NO JUDGEMENTS, e un manifesto che potete leggere sul loro sito. Le parole d'ordine qui sono divertimento e intrattenimento. Non è solo il luogo perfetto per rimanere o rimettersi in forma, ma anche per chi è in cerca di novità tant'è che di solito sono quelli di Crunch a lanciare nel mondo nuovi modi di fare fitness. Potete anche fare un pass di tre giorni, iscrivendovi sul sito. Nelle palestre sulla Bowery, in Union Square, W38 e E59, tra gli insegnanti troverete **Laura Giromini**, fondatrice del sito web **Vivere New York**, in cui racconta sul blog e sui social dei luoghi WOW di New York. E nel 2024, come istruttrice di fitness e di pole dance ha inaugurato il profilo Instagram **@laurathanlove** in cui quasi ogni giorno posta allenamenti per tutti divertendosi con vibrazioni positive e con vista Brooklyn Bridge o skyline.

New York Sports Clubs è una catena di palestre e centri sportivi sparsi in ogni distretto di New York, www.newyorksportsclubs.com.

Ci sono lezioni di yoga sia a Manhattan sia a Brooklyn: **Iyengar Yoga** (www.iyengarnyc.org), **Jivamukti Yoga** (www./jivamuktiyoga.com), **Om Factory** (www.omfactory.yoga), **Pure Yoga** (www.pureyoga.com), **Yoga Works** (www.yogaworks.com). Ad Astoria, nel Queens, potete provare **The Yoga Room** (www.the-yoga-room.com). Non è necessario essere abbonate per partecipare alle lezioni.

Se vi piace praticare pilates, potete provare queste palestre in cui si tengono lezioni singole o per gruppi ristretti: **Bombshell Pilates Gramercy** (201 E 16th St, www.bombshellpilates.com), **Core Pilates NYC** (900 Broadway #603, corepilatesnyc.com), **LAB Pilates New York** (www.lab-pilates.com, 7 W 36th St 4 FL), **The Pilates Room NYC** (150 W 28th St #901, www.thepilatesroomnyc.com,). E a Brooklyn: **Brook-**

lyn Pilates Project (1111 Bedford Ave, www.
brooklynpilatesproject.com,), **Studio Pilates International South Slope** (577 4th Ave, www.
studiopilates.com/studios/south-slope), **Wick Pilates** (45 Irving Ave, www.wickpilates.com).

Shopping

Woodbury Common Outlet

www.premiumoutlets.com/outlet/woodbury-common
Questo outlet è una mecca per lo shopping scontato. Esistono alcuni tour organizzati cui potete affidarvi per organizzare una gita anche all'ultimo momento. Woodbury, infatti, si trova fuori
Manhattan e dovreste noleggiare un'automobile.
Il tour organizzato in bus (circa un'ora di strada) è
previsto con partenze quotidiane, anche il sabato
e la domenica, alle 9 da Gray Line Visitor Center
e comprende andata e ritorno e uno speciale car-
net VIP con sconti aggiuntivi. Potete acquistare il
ticket online sul sito di Expedia.it (498 Red Apple
Center, Central Valley, NY).

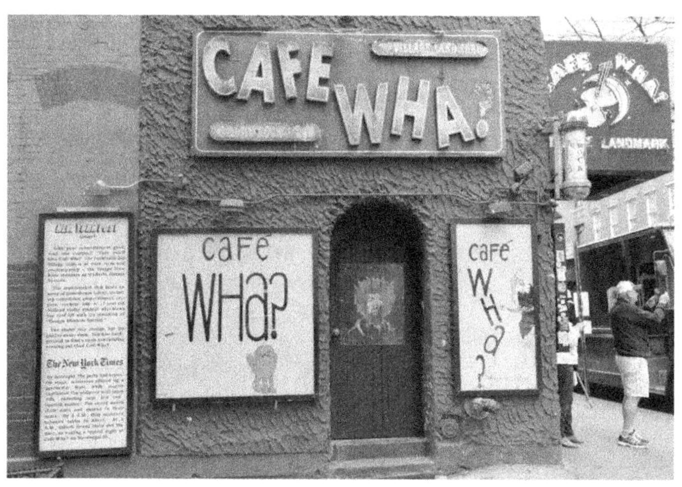

Il famoso Cafe Wha? nel Greenwich Village.

Speciale periodo invernale

Mercatini di Natale

Se non fosse per il freddo, bisognerebbe fare un abbonamento natalizio con NYC perché l'atmosfera che si respira in città è da favola grazie alle decorazioni e alle luci che rendono tutto magico.

- A Manhattan i mercatini più famosi sono quelli di Bryant Park e di Union Square. Al **Winter Village at Bryant Park** (www.wintervillage.org), che apre già nei giorni di Halloween, si può pattinare sul ghiaccio, sedersi in uno dei chioschi e osservare la gente che fa acquisti di addobbi di Natale.

- **Union Square Holiday Market** è un po' più piccolo, ma è una delle più belle manifestazioni di strada di NY: apre tra il 15 e il 20 novembre e l'ultimo giorno è la vigilia di Natale, il 24 dicembre (www.usqholiday.nyc).

- Tra fine novembre e i primi di dicembre apre **Columbus Circle Holiday Market** fino al 24 dicembre. Il mercatino, come quello in Union Square, è gestito da UrbanSpace, quelli del famoso Farmers Market e di Camden Lock a Londra. Siamo a Columbus Circle, tra W 59th Street e Broadway. Il sito per entrambi è www.urbanspacenyc.com.

- Anche **Grand Central Terminal** ha il suo mercatino coperto si chiama **Holiday Fair** (www. grandcentralterminal.com) e apre a metà novembre fino al 24 dicembre.

- Nel Queens andate all'**Astoria Christmas Market**, un mercato artigianale che propone oggetti fatti a mano, al forno, oggetti d'epoca. Si trova nell'aula magna del Bohemian Hall & Beer Garden (29-19 24th Avenue). È aperto anche durante il resto dell'anno (www.astoriamarket.com).

Cerimonie natalizie

A Manhattan il Natale inizia in anticipo con la grande parata del **Thanksgiving Day** – il quarto giovedì di novembre – dalle ore 9, all'incrocio tra la 77th Street e Central Park Avenue, tra gigantesche zucche e Babbo Natale. Si prosegue verso sud attraverso Columbus Circle, Seventh Avenue, 42nd Street, Sixth Avenue e lungo la 34th Street fino a Herald Square dove si trovano i grandi magazzini Macy's che organizzano la parata (www.social.macys.com).

È grande l'attesa per l'accensione delle luci dell'albero di Natale del **Rockefeller Center** in Rockefeller Plaza: si tratta di una cerimonia che ogni anno attrae migliaia di visitatori, star del cinema, della musica, della televisione. L'albero è decorato con luci led e una stella di Swarovski sulla punta. Controllate la data: www.rockefellercenter.com.

Nel Bronx si trova il **New York Botanical Garden** (www.nybg.org), un giardino da visitare tutto l'anno, ma che nel periodo natalizio propone l'**Holiday Train Show**: trenini elettrici di epoche differenti viaggiano attraverso oltre cento modelli in scala delle icone newyorkesi, dal Brooklyn Bridge allo Yankee Stadium. Tutto è costruito in materiale naturale: corteccia, rami e semi.

Sempre nel Bronx a inizio dicembre si svolge l'**Annual Holiday Family Day** al Bartow-Pell Mansion Museum. Non perdetelo per fare un tuffo nell'Ottocento nella maestosa residenza addobbata per Natale (www.bpmm.org).

A Brooklyn osservate le decorazioni luminose delle case di **Bay Ridge** e **Bensonhurst** nel quartiere residenziale di **Dyker Heights**: gigantesche luci ricoprono completamente le villette in queste vie. Non perdete l'albero di Natale della **Borough**

Hall Plaza e, nella settimana di Hanukkah (festa ebraica che coincide con il Natale), l'enorme candelabro a nove braccia **Menorah of Brooklyn** a Columbus Park, fuori dalla Borough Hall.

Nel Queens ogni anno si organizza l'8 dicembre l'**Annual Historic Holiday House Tour**, un giro turistico in tram con fermate in sette musei e siti storici del *borough*: Kingsland Homestead, Flushing Quaker Meeting House, Flushing Town Hall, Voelker Orth Museum, Lewis H. Latimer House, Louis Armstrong House and Museum e Bowne House (www.queenshistoricalsociety.org).

A Staten Island a metà dicembre si tengono i **Candlelight Tours** a Historic Richmond Town: il quartiere si illumina dei bagliori delle candele e delle lampade a olio (www.historicrichmondtown.org).

Piste di pattinaggio

Da ottobre ad aprile potete provare quella del Rockefeller Center: attraversate i Channel Gardens e scendete le scale. Ogni sessione al **The Rink** (www.rockefellercenter.com/it-it/attrazioni/the-rink-at-rockefeller-center/) dura un'ora e mezza e si pattina dalle 8.30 a mezzanotte. L'ingresso per gli adulti costa 25$. Adulti e bambini dai 6 anni in su: da 21 a 73$ (il prezzo varia in base al giorno e all'ora). Bambini fino 5 anni da 11 a 37$. Il noleggio dei pattini è compreso nel prezzo del biglietto.

A Bryant Park (www.bryantpark.org) si pattina su una pista molto grande da fine ottobre a inizio marzo, dalle 8 alle 22 e l'accesso alla pista del **Winter Village** è gratuito. Il noleggio dei pattini varia da 18 a 55$ in base a giorni e ore di punta. Esiste anche un Premium Skate da 150$ che include noleggio pattini, skate concierge, accesso al Polar Lounge, controllo borse e un tempo extra sulla pista di pattinaggio.

Si pattina anche in Central Park al **Wollman Rink**: si trova all'850 5th Ave,, nell'East Side. Il Wollman Rink (www.wollmanskatingrink.com) è aperto da ottobre a inizio aprile. Gli adulti pagano da 15 a 37$, i bambini da 4 a 12 anni 10$, fino a 3 anni si pattina gratis. Gli spettatori entrano pagando 5$ in contanti. E il noleggio dei pattini costa 11$. A Central Park si pattina anche all'altezza della 107a Strada sulla Quinta, dove c'è il **Lasker Rink** (www.laskerrink.com). Aperta da ottobre a marzo, l'ingresso alla pista costa 7,50$ con 6,50$ di noleggio attrezzatura. D'estate la Lasker Rink diventa una piscina all'aperto. Oggi è diventato parte dell'Harlem Meer Center. A Central Park, infine, si può pattinare anche al **Conservatory Water** quando ghiaccia naturalmente per le condizioni meteo. È gratuito, ma si devono portare i propri pattini.

Con vista sull'Hudson si allacciano i pattini tutto l'anno allo **Sky Rink at Chelsea Piers** (www. sports.chelseapiers.com, 22,50$ di ingresso e 10$ di noleggio pattini.

Qualche indirizzo a Brooklyn: **Abe Stark Rink** a Coney Island (www.nycgovparks.org), **Lakeside** a Prospect Park (www.lakesidebrooklyn. com), **McCarren Rink** (www.mccarrenrink. com). E nel Queens: il **City Ice Pavilion** è aperto tutto l'anno (www.cityicepavilion.com), così come **World Ice Arena** a Flushing Meadows Corona Park (www.worldice.com).
A Staten Island si pattina al **WWII Veterans War Memorial Ice Skating Rink** (www.nycgovparks.org).

New York in TV e al cinema

Scegliere tra i film e le serie televisive che hanno come sfondo – o come protagonista – New York non è un lavoro semplice perché manca sempre qualcosa e c'è sempre altro da aggiungere. Questa selezione è tra quelle pellicole e tra quei serial che più, negli anni, hanno saputo evocare le atmosfere della città di New York, Manhattan e Brooklyn in particolare.

Serie televisive

Friends

La sitcom in dieci stagioni, dal 1994 al 2004, vede protagonisti sei amici: Rachel (Jennifer Aniston), Monica (Courteney Cox) e il fratello Ross (David Schwimmer), Phoebe (Lisa Kudrow), Chandler (Matthew Perry) e Joey (Matt LeBlanc). La serie televisiva si svolge quasi esclusivamente in interni, gli alloggi dei protagonisti e Central Perk, la caffetteria in cui gli amici si ritrovano. In realtà la serie è girata nello studio 24 della Warner Bros a Los Angeles, ma *Friends* è ambientata a New York, nel **Greenwich Village**. L'esterno del palazzo in cui si trovano gli appartamenti di Monica e Rachel e quello di Chandler e Joey è situato davvero nel Greenwich, all'incrocio tra **Grove Street** e **Bedford Street** – un edificio di mattoni con le scale antincendio sulle due facciate. Si riconosce subito anche per il locale all'angolo che ha una vetrata incorniciata di rosso e per i due putti incastonati nei muri del palazzo. Allo stesso incrocio sono girate le riprese esterne dell'edificio dell'ultimo appartamento in cui vive Ross.

Girls

Le protagoniste sono quattro amiche arrivate nella City che vogliono costruirsi qui il proprio futuro. Purtroppo non tutto è patinato come in *Sex and the City*, loro non vivono in case belle come Carrie & Co. e le scene sono molto più crude rispetto a quelle a cui eravamo abituati. E non indossano neppure le stesse costosissime scarpe delle ragazze di *SATC*. Il personaggio principale di *Girls* è quello di Hannah, Lena Dunham, un'aspirante scrittrice. Le sue amiche sono Marnie, Jessa e Shoshanna.

L'appartamento che Hannah condivide con Marnie è a Greenpoint, a Brooklyn: **1616 India Street**.

Due negozi di libri in cui si reca spesso Hannah sono **Book Thug Nation** (100 N 3rd Street, www. bookthugnation.com) e **Spoonbill & Sugartown** (218 Bedford Avenue, www.spoonbillbooks.com). Anche le ragazze di *Girls* amano i cupcakes e prediligono quelli vegan, gluten free e kosher che prepara la **Bakery di Erin McKenna** (www.erinmckennasbakery.com). La pasticceria si trova al 248 di Broome Street nel LES, Lower East Side. Il **Café Grumpy** ha più punti vendita a NYC, voi scegliete il primo, quello che appare in *Girls* a Greenpoint, Brooklyn: 193 Meserole Avenue, www.cafegrumpy.com.

Gossip Girl

La serie TV ha due protagoniste principali: Blake Lively nei panni di Serena van der Woodsen e Leighton Meester in quelli di Blair Waldorf. Nelle varie puntate delle sei stagioni (dal 2007 al 2012) appare spesso **Columbus Circle** dall'alto, così come il **Ponte di Brooklyn**, in uno scintillio di luci. E sono numerosi i set organizzati a **Central Park**, soprattutto in autunno durante il *foliage*. Nella prima puntata è impossibile dimenticare alcuni scorci: la scena della pace fatta tra le due amiche nel sottopassaggio della **Bethesda Terrace**, così come la **scalinata del MET**, il Metropolitan Museum, che è una scenografia fondamentale del serial, soprattutto nelle prime stagioni. E nella prima puntata si ha una visuale completa dell'interno del **Grand Central Terminal**, la stazione dei treni, quando Serena appare per la prima volta nel primo episodio.

L'edificio in cui vivono sia Chuck Bass sia la famiglia Van der Woodsen è il **Lotte New York Palace** e si trova a Midtown, al 455 di Madison Avenue (www.lottenypalace.com). L'albergo in cui Chuck vive e ha il suo ufficio è l'**Empire Hotel**, 44 W 63rd Street (www.empirehotelnyc.com), la cui insegna rossa illuminata si può vedere da Central Park West. Si va anche a Brooklyn, con l'esterno del loft della famiglia Humphrey, che si trova al **455 di Water Street**, a Vinegar Hill.

La fantastica signora Maisel

Anche se *The Marvelous Mrs Maisel* è quasi interamente ambientato a New York, purtroppo la maggior parte delle location sono state ricostruite. Solo nell'ultima (la quinta) stagione alcune riprese sono state effettivamente girate nella Grande Mela.

Intanto vi dico subito che c'era un *Gaslight Cafe* che ha avuto una breve vita dal 1958 al 1971. In quello spazio ora c'è un locale che si chiama **The Up & Up** (116 MacDougal St, www.upandupnyc.com), subito a sud di Washington Square Park. E si entra proprio scendendo le scale che ben conosciamo. Inoltre, si può vedere dall'esterno l'ingresso del palazzo della residenza della famiglia di Midge e Joel e dei genitori di lei: si trova quasi a West Harlem al **404 di Riverside Drive** a Morningside Heights. È un edificio di 12 piani costruito nel 1909 non lontano dalla Columbia University (dove insegnava il padre di Midge).

Susie Myerson (Alex Borstein) dorme su una panchina a Central Park nei pressi del **Bow Bridge** e sullo sfondo si vede il condominio **San Remo** con le doppie torri.

Avrete riconosciuto il **Rockefeller Center**, quando Midge si presenta al suo primo giorno di lavoro nel finale di stagione: il complesso di 19 edifici si trova a Midtown Manhattan e comprende il Radio City Music Hall, la Rainbow Room e gli studi della NBC. Oggi il più famoso degli edifici, 30 Rockefeller Plaza, ospita *Saturday Night Live* e *The Tonight Show Starring Jimmy Fallon*. **The Rink** è poi la pista di pattinaggio in cui lo staff del *Gordon Ford Show* festeggia il primo posto in classifica.

Sono certa che siate curiose di sapere dove va Midge ogni volta che riesce a uscire di prigione: a **La Bonbonniere**, ma nello show si chiama City Spoon. Si trova al civico 28 della 8th Ave, è aperto tutti i giorni dalle 7 alle 16, ha un profilo su IG @labonbonnierenyc. È davvero un luogo fuori dal tempo.

Tra le rare scene girate durante le altre stagioni, impossibile dimenticare quella del quarto episodio nella prima in cui Midge (che indossa un delizioso cappotto in lana color pistacchio) si unisce alla protesta in **Washington Square Park**, proprio sotto al grande Arco.

Il locale preferito di Joel per andare a bere qualcosa, prima di aprire il suo, è **Old Town Bar and Restaurant** (45 E 18th St, * oldtownbarnyc.com), uno dei più vecchi bar della città ancora attivi. È tuttora consigliato per gli hamburger, le zuppe e gli spicchi di patate.

Ci siamo chieste tutte se il negozio di alimentari in cui le signore ebree di Manhattan si strappano di mano i migliori tagli di carne esista davvero - la scena è esilarante! - e la risposta è sì. Nella serie si chiama Lutzi's Butcher Shop, ma il suo vero nome è **Albanese Meats** (238 Elizabeth St, 📶 www.facebook.com/moethebutcher) ed è un altro locale storico poichè è in attività dal 1923.

Ma dove Midge raggiunge Lenny che sta aprendo con uno spettacolo una band? Al **Village Vanguard**, che esiste davvero e si trova nel Greenwich Village dal 1935. Ha iniziato la sua "carriera" come spazio per la musica folk e la poesia, poi si è affermato come uno dei punti di ritrovo per chi ama il jazz nel 1957 (178 7th Ave South, 📶 villagevanguard.com).

Il negozio di vinili di cui si innamora Midge esiste davvero, si trova nel Village, ed è **The Music Inn** (169 W 4th St). Aperto nel 1958 continua a tenere duro e vende soprattutto strumenti musicali. Un altro luogo che non si può non riconoscere è l'**Apollo Theater** ad Harlem che compare nella terza stagione con lo spettacolo di Shy Baldwin. E un dialogo molto intenso tra Midge e Lenny si svolge all'interno della **Carnagie Hall** quando la carriera di lei sta avendo una serie di battute d'arresto. La Carnagie Hall ha aperto a Midtown Manhattan (881 7th Ave, 📶 www.carnegiehall.org) nel 1891.

Una curiosità: quando Midge (Rachel Brosnahan) durante un viaggio in metropolitana incontra un suo interesse amoroso del passato impersonato da Milo Ventimiglia si trovano su un vecchio treno. Bene, è possibile rivivere la stessa emozione grazie alla **MTA** e al **New York Transit Museum** che vi ho già citato per la stazione abbandonata sotto a City Hall (pag. 114). Sono, infatti, esposti a rotazione venti vagoni della subway e anche quelli di superficie che risalgono al 1907. Si può passare dall'uno all'altro e si ascoltano alcune pubblicità dell'epoca.

Sex and the City e And Just Like That

Noi ragazze siamo cresciute con Carrie, Samantha, Charlotte e Miranda, impersonate rispettivamente da Sarah Jessica Parker, Kim Cattrall, Kristin Davis e Cynthia Nixon. Delle loro avventure sentimentali e professionali abbiamo fatto (quasi) un modello di vita, soprattutto nei periodi che ci hanno visto single. Basato sul romanzo omonimo di Candace Bushnell, dopo sei stagioni di grande successo seguono due film: *Sex and the City* del 2008 e *Sex and the City 2* del 2010. E adesso è arrivata la serie *And Just Like That* che, anche se non piace a tutte, riesce a riportarci a quelle atmosfere newyorkesi che ci fanno vivere la città anche quando siamo a distanza.

Per chi non riuscisse a stare senza Carrie e Samantha, anche se il genere è molto diverso, può intrattenersi con il prequel *The Carrie Daries* che racconta l'adolescenza della protagonista e il suo arrivo a New York City. Gli indirizzi delle ragazze: l'esterno della casa di Carrie è al **66 di Perry Street** nel Greenwich Village, una traversa alberata di Bleecker Street, ma l'indirizzo citato nel telefilm è 245 East 73rd Street.

Samantha lascia Uptown Manhattan e si trasferisce nel **Meatpacking District** al 300 di Gansevoort Street, proprio all'inizio della High Line. Charlotte vive nell'Upper East Side al **930 di Park Avenue** (East 81st Street). Miranda abita nel suo appartamento da single: **331 West 78th Street** nell'Upper West Side. Per un periodo (niente spoiler) dopo essersi trasferita a Brooklyn, tornerà a vivere a Manhattan nel LES, al **148 Henry Street and Rutgers St.**

Mr. Big dice di vivere nell'Upper East Side, ma in realtà il suo appartamento è la Penthouse Piano Suite dell'**Hotel Giraffe**, 365 Park Avenue South nell'elegante quartiere di Gramercy Park.

L'enorme appartamento in cui Carrie e Big pensano di andare a vivere all'inizio del primo film è al **1010 Fifth Avenue**, proprio di fronte al Metropolitan

Museum of Art, anche se l'ingresso a baldacchino tipico di questa zona è sulla **East 82nd Street**.

Ci sono però tante altre location da vedere dal vivo, come la **New York Public Library** (tra la Fifth Avenue e la 42nd Street), quella che tutti ricordiamo per il matrimonio mancato di Carrie e Mr. Big nel primo film *SATC*, come, subito alle spalle, Bryant Park dove sono state girate numerose scene del serial e, tra tutte, quella in cui Carrie e Mr. Big a piedi nudi leggono un libro. Il carosello di **Bryant Park** è quello su cui sale la bambina adottata da Charlotte.

Carrie e Big si sposeranno, poi, al **Kings County Supreme Court**, 360 Adams Street and Johnson's Street, a Brooklyn.

In Times Square Samantha ha la sede del suo ufficio in *SATC 2*: **Sixth Avenue e 42nd Street**. Quando Carrie chiude con Aiden, inizia a lavorare da Vogue che si trova nel **Conde Nast Building** al 4 di Times Square. Miranda e Steve si sposano al **Jefferson Market Garden**: Greenwich Avenue tra la Sixth Avenue e W 10th Street. Con loro è indimenticabile la scena in cui decidono di incontrarsi a metà del Ponte di Brooklyn dopo un periodo di pausa. Aiden chiede a Carrie di sposarlo di fronte alla fontana di Columbus Circle, 59th Street. Il negozio di Manholo Blahnik è al 31st West 54th Street, invece quello di Jimmy Choo al 645 della Fifth Avenue nella Olympic Tower.

A **Central Park** sono state girate numerose scene: quella di Carrie in carrozza, il pranzo di Carrie e Miranda in *SATC 1* è all'interno del Ladies Pavillon (W 75th Street, sulla penisola Hernshead, sulla riva nord-ovest di Central Park Lake), un incantevole padiglione vittoriano costruito nel 1871 come riparo per la fermata del tram che una volta correva tra la Eighth Avenue e la 75 9th Ave. The Boathouse Restaurant (Park Drive North, E 72nd Street) è dove Carrie e Mr. Big cadono nel lago. Charlotte, poi, va spesso a correre intorno al Reservoir. E quando Carrie decide di fidanzarsi con "la Città" godendo delle meraviglie che ha sempre da offrire, esce dal **Guggenheim** ed è sorpresa dalla pioggia: siamo sull'One Museum Mile, di fronte a Central Park, 1071 Fifth Avenue.

L'annuncio del fidanzamento tra Carrie e Mr. Big ha a che fare con un altro museo: The Modern (www.themodernnyc.com), il ristorante del MoMA, Museum of Modern Art, 9 West 53rd Street. La cena di prova del matrimonio è al Buddakan, 75 9th Ave, a Chelsea (www.buddakannyc.com).

I cupcakes sono quelli di **Magnolia Bakery** al 401 di Bleecker Street, al Greenwich Village, a pochi passi da casa di Carrie. Il trentacinquesimo compleanno di Carrie, la ragazza lo festeggerà (da sola) a **Il Cantinori** (www.ilcantinori.com, 28 East 10th Street), al Greenwich Village. Carrie ogni tanto sconfina nell'East Village, per esempio quando conosce il disegnatore di fumetti che scopre, poi, che vive ancora con i suoi (**St Mark's Comics,** all'11 Saint Marks Place).

I capelli di Carrie diventano castani nel primo film *SATC* nel **Riccardo Maggiore Salon** al terzo piano del 136 East 57th Street a Lexington Avenue. Acquista, invece, la nuova scrivania da Luce Plan al 49 di Greene Street, a Soho, che però non è più qui. E a Soho si trova la galleria d'arte in cui lavorava Charlotte: **Louis K. Heisel Gallery,** 141 Prince Street.

Ma arriviamo al presente con ***And Just Like That*** e le sue location, come il raffinato ristorante francese dello chef Daniel Boulud: **Daniel.** Si trova al 60 E 65th St, www.danielnyc.com. È stato il luogo in cui Carrie, Miranda, Charlotte e Anthony hanno cenato quando hanno discusso dei piani per il Met Gala.

Nya, la docente della Columbia e amica di Miranda, cena da sola al **GG Tokyo** in una zona tra Nomad e Murray Hill (120 E 20th St, www.ggtokyo.nyc). Il locale prende ispirazione dal Golden Gai, un'area di piccoli vicoli nella Shinjuku di Tokyo, frequentata da artisti, musicisti e scrittori.

Carrie e Seema si accomodano in un caffè italiano che si chiama **Poppi** e che si trova nell'Upper East Side (20 E 69th St, www.poppi.nyc). Lo riconoscete per gli ombrelloni arancioni che sono aperti all'esterno. Un altro indirizzo da appuntarsi è lo **Zooba** al 100 di Kenmare St, www.zoobaeats.com/usa-homepage.

Carrie registra il suo podcast in uno studio che si trova al **Rockefeller Center** e molte scene sono registrate nei dintorni.

Il locale in cui Miranda cerca un bicchiere di Chablis al mattino (!) si trova a Hell's Kitchen e si chiama **Smith's Bar**. È un locale storico di NYC e si trova al 701 della 8th Ave: risale al 1954.

È interessante sapere che per le scene di Miranda e della sua professoressa Nya, per non disturbare gli studenti della Columbia, si è scelta una location alternativa ma che ricordasse l'Ateneo: i produttori hanno scelto la **New York City Bar Association** a Midtown (42 W 44th St, www.nycbar.org). La struttura in stile neoclassico è stata progettata dall'architetto Cyrus L. W. Eidlitz nel 1896 come quartier generale per l'organizzazione legale.

Ma c'è anche un'altra gemma in *AJLT*, ovvero il **Lyceum Theatre** (149 W 45th St, www.shubert.nyc/theatres/lyceum): compare quando il gruppo di amici va a sentire suonare il piano dalla figlia maggiore di Charlotte, Lily.

Il Lyceum è il più antico teatro di Broadway che è sempre stato in funzione, costruito nel 1903 da David Frohman, progettato in stile Beaux Arts, ha una bella facciata in pietra calcarea con sei colonne corinzie. L'atrio ha due grandi scalinate che conducono al mezzanino e rifiniture in marmo che richiamano il marmo di Atene.

Per la serie è stato cambiato il nome e compare infatti la scritta: Manhattan School of Music, che è un vero conservatorio di musica a New York.

Il luogo in cui Carrie vede un uomo che le ricorda Big (non faccio spoiler) è **The East Pol**, dove propongono cucina americana moderna (133 E 65th St, www.theeastpolenyc.com); invece la scena alle pompe funebri di Carrie e Charlotte è ambientata in un locale molto chic in stile neoclassico in cui spesso si organizzano eventi e si chiama **The Astor House** (130 E 80th St, www.theastorhouse.org). Ma la scelta definitiva per il funerale (no, non dico di chi) è **Greene Naftali** (508 W 26th St, www.greenenaftaligallery.com), una galleria a Chelsea fondata nel 1995 dalla commerciante d'arte Carole Greene e dalla mecenate Gloria Naftali.

Ma forse quello che ci incuriosisce di più è sapere dove si trova l'ampia e luminosa casa che acquista Carrie dopo numerose vicissitudini alla fine della seconda stagione di *AJLT*: è al **civico 2 di Gramercy Park West**, di fronte all'omonimo parco.

Little Island e la costa del New Jersey.

Tom's Restaurant a Morningside Heights

A pochi passi dal campus della Columbia University e su quella sottile linea di confine tra Manhattan e West Harlem si trova un diner storico: **Tom's Restaurant** (2880 Broadway, aperto tutti i giorni dalle 7 alle 23). In qualche modo fa parte della Columbia, poiché si trova al piano terra dell'edificio Armstrong Hall, sede del Goddard Institute for Space Studies.

Il suo nome lo deve al fondatore, negli anni Quaranta, Tom Glikas, ma ora è gestito da una famiglia greco americana che ne ha conservato il nome. Tom's è frequentato dagli studenti della Columbia ed è diventato popolare perché ha ispirato la canzone del 1987 di **Suzanne Vega** *Tom's Diner*. Ma non solo, il suo esterno, con il nome di **Monk's Café** è stato utilizzato dal 1989 al 1998 nella sit-com *Seinfeld*: il comico Jerry Seinfeld e i suoi amici si riuniscono sempre al Monk's per mangiare qualcosa insieme, ma gli interni sono stati ricreati in studio a Los Angeles. All'interno del vero Tom's ci sono numerosi cimeli e fotografie del set di *Seinfeld*.

Al cinema

Autumn in New York

L'amore tra Winona Ryder e Richard Gere nell'incredibile paesaggio che Manhattan regala in autunno, con le foglie degli alberi in fiamme.

La pellicola del 2000 di Joan Chen è indubbiamente lenta e melensa, ma le location sono incantevoli: il Bow Bridge a Central Park, la casa in mattoni rossi della nonna di Charlotte/Ryder (66 Morton Street e Hudson Street), il bellissimo appartamento di Will/Gere con giardino d'inverno (88 Greenwich Street e Rector Street), la pista di pattinaggio al Rockefeller Center (5th Avenue, tra 49th e 50th

Street) e l'angolo in cui si trova il famoso ristorante **Delmonico** tra Beaver Street e William Street nel distretto finanziario.

Carnage
È solo una la scena allestita in esterno nel film diretto nel 2011 da Roman Polanski e basato sull'opera teatrale *Il dio del massacro* di Yasmina Reza. Si tratta del **Brooklyn Bridge Park** che si affaccia sull'East River e su Lower Manhattan. Vi ricordate la scena finale con il criceto? In questo film sono magistrali le interpretazioni dei quattro attori: Jodie Foster e Kate Winslet, Christopher Waltz e John C. Reilly.

C'è posta per te
Il remake di *Scrivimi fermo posta*, film del 1940 di Ernst Lubitsch, vede sullo schermo la coppia Meg Ryan (Kathleen Kelly) e Tom Hanks (Joe Fox). La pellicola di Nora Ephron è del 1998: *You've Got Mail*. Il film si svolge nell'Upper West Side, tra **Riverside Park** e **Central Park**. Fate anche voi la spesa allo **Zabar's** (2245 Broadway, www.zabars.com) e fermatevi al **Cafe Lalo** (201 W 83rd Street, www.cafelalo.com).

Colazione da Tiffany
Tratto dall'omonimo romanzo di Truman Capote, *Breakfast at Tiffany's* è un film del 1961 diretto da Blake Edwards. I protagonisti sono Audrey Hepburn e George Peppard. Il film inizia con un'alba newyorkese e un'elegante ragazza che scende da un taxi sulla **Quinta Strada**. È Holly Golightly e, prima di rientrare a casa a piedi nudi, consuma una rapida colazione ammirando le sfavillanti vetrine di **Tiffany & Co.** al 727 della Fifth Avenue, all'altezza della 57th Street.

L'appartamento di Holly è una costruzione multifamiliare su due piani al **169 della 59th East**, all'angolo con Lexington Avenue nell'Upper East Side. La scena con l'ex marito di Holly e Paul/Peppard è stata girata a Central Park: al **Conservatory Water** e al **Naumburg Bandshell**, il teatro all'aperto del parco. La cena di Holly con l'ex marito texano si svolge al **Club 21**, uno dei più celebri bar e ristoranti della città che ha chiuso da poco, purtoppo. Holly e Paul si recano anche alla **New York Public Library**, all'angolo tra la 42nd Street e la Quinta Avenue. Infine, il chiarimento tra i due protagonisti avviene sul muretto della fontana ai piedi del **Seagram Building**, il grattacielo nero in vetro e bronzo al 375 di Park Avenue, che ai tempi delle riprese era stato inaugurato da appena un paio d'anni. Progettato dall'architetto Ludwing Mies van der Rohe, si trova a Midtown.

Fame (Saranno famosi)

Saranno famosi è un musical del 1980 diretto da Alan Parker. Ci ricordiamo tutti del gruppo di studenti che seguivano le lezioni alla High School of Performing Arts di New York.

Tra i protagonisti, Leroy (Gene Anthony Ray), Bruno (Lee Curreri), Lydia (Debbie Allen), Coco (Irene Cara), Doris (Maureen Teefy), Montgomery (Paul McCrane). Dal 1982 al 1987, sull'onda del successo del lungometraggio, è stata poi girata la serie televisiva che ha mantenuto numerosi interpreti del film con l'aggiunta di alcuni insegnanti e alunni, come Carol Mayo Jenkins per l'insegnante Sherwood e Carlo Imperato per Danny Amatullo.

Sono numerose le scene girate per *Fame*, il film, a NY: da Manhattan a Brooklyn, dal Queens al Bronx tra agosto e novembre del 1979. L'esterno della scuola è la **Church of Saint Mary the Virgin** (145 W 46th Street), proprio di fronte alla vera scuola (W 46th Street in Times Square).

Per gli interni sono state scelte due scuole inutilizzate: Haaren High School, oggi John Jay College of Criminal Justice, all'interno dell'Haaren Hall Building (524 W 59th Street a Hell's Kitchen, 🔖 www.jjay.cuny.edu)

e Performance Space 122, conosciuto come "P.S. 122" (150 First Avenue all'angolo con la 9th Street all'East Village, www.ps122.org).

Ghost

È uno di quei film di cui non ci stanchiamo mai e ogni volta lo rivediamo con il fazzoletto a portata di mano. *Ghost – Fantasma* è un film del 1990 diretto da Jerry Zucker con Demi Moore (Molly), Patrick Swayze (Sam) e Whoopi Goldberg (la sensitiva Oda Mae Brown). Le scene sono state girate tra il Financial District (la fermata della metropolitana che si intravede è quella di **Road Street e Wall Street**), Soho, dove si trova la casa di Molly e Sam, e Brooklyn. Ecco qualche indirizzo: il bellissimo e luminoso appartamento che Molly e Sam stanno ristrutturando è situato al **102 di Prince Street**, a Soho, tra Mercer e Greene Street. È un condominio che risale al 1900, con ampie vetrate e le scale antincendio. Sam viene aggredito in **Crosby Street**, tra Spring Street e Prince Street, sempre a Soho. Il locale in cui si incontrano Molly e Oda Mae è il **Mezzogiorno Restaurant**: dopo quasi trent'anni a Soho (195 Spring Street), il ristorante italiano si era trasferito nell'Upper West Side, ma adesso ha chiuso. La banca in cui si recano Oda Mae e Sam è il **Federal Hall National Memorial**, 26 Wall Street e Broad Street.

Harry ti presento Sally

Nel 1989, a firma di Rob Reiner e della solita Nora Ephron, arriva a sconvolgere il pubblico la scena che tutti conoscono – anche quelli che non hanno mai visto il film – della simulazione dell'orgasmo da parte di Sally a un tavolino di **Katz's**, a Manhattan. Non c'è bisogno di ricordarlo, ma i protagonisti di *When Harry Met Sally* sono Meg Ryan e Billy Crystal. Il lungometraggio inizia a Chicago, ma poi si svolge a New York e, dopo il viaggio che li porta insieme da una città all'altra, si separano di fronte all'arco di Washington Square nel cuore del Greenwich Village. Al di là di questo, sono ancora visibili le Torri Gemelle. Il primo luogo che senza dubbio dovete visitare (e provare) è proprio Katz's (205 E Houston Street, 🔊 www.katzsdelicatessen.com). Location di tante pellicole per la bellezza del luogo e gli scorci che offre, anche *Harry ti presento Sally* utilizza la **Loeb Boathouse** a Central Park per far pranzare Sally e le sue amiche, tra cui Marie interpretata da Carrie Fisher, e non mancano per Sally e Harry le passeggiate a Central Park. Purtroppo un altro luogo d'incontro per i due protagonisti è la libreria indipendente **Shakespeare and Co.** al 2259 della Broadway, all'altezza dell'81a Strada, che oggi è chiusa, ma ci sono altri due punti vendita sulla Broadway al 2020 e al 2736 e al 939 della Lexington (🔊 www.shakespeareandco.com). Altri indirizzi: il **Cafe Luxembourg** (200 W 70th Street, 🔊 www.cafeluxembourg.com), la sala che ospita il **Tempio di Dendur al Met**, il Metropolitan Museum (al numero 1000 della 5th Avenue, angolo 82nd Street), il negozio in cui Sally e Harry acquistano l'albero di Natale è **PlantShed New York Flowers** (209 W 96th Street, il punto vendita in cui è stata girata la scena al 209 W della 96th St è chiuso, ma se guardate sul sito web per curiosare nei negozi della catena, ne trovate molti altri a NYC, 🔊 www.plantshed.com), la casa in cui va a vivere la coppia dei loro amici neosposi è una bella brownstone nell'Upper West Side al numero **32 della 89th Street**, Central Park West. E il film si chiude con la scena nella **Skylight Ballroom del Puck Building** al numero 295-309 di Lafayette Street a Nolita. Il palazzo è inserito nella lista del *National Register of Historic Places*. L'esterno, però, non è quello del vero Puck Building, ma è stato utilizzato quello dell'Hotel Park Plaza, purtroppo a Los Angeles.

I marciapiedi di New York

Il film del 2001 ci regala ancora una bella vista sulle **Torri Gemelle**. Interpretato da giovani Edward Burns, Rosario Dawson, David Krumholtz, Brittany Murphy, Heather Graham e Stanley Tucci, è ambientato tra Greenwich Village a Manhattan, Brooklyn e il Queens.

Il diavolo veste Prada

Diretto nel 2006 da David Frankel, è il film che consacra Anne Hathaway e che fa illudere un po' tutte noi che con l'abito giusto e il taglio di capelli all'ultima moda possiamo buttarci alle spalle la sciatteria ed essere anche noi così belle. E un po' è davvero così. Meryl Streep invece sdogana il capello bianco che da quel momento diventa cool e così desiderato che nell'ultimo anno anche le più giovani hanno iniziato a tingersi d'argento. Tratto dall'omonimo romanzo *chick lit* di letteratura leggera rosa, scritto da Lauren Weisberger, *Il diavolo veste Prada* regala bellissimi scorci di New York. Andy/Hathaway vive al **252 di Broome Street**, all'angolo con Orchard Street nel LES. Questa era una zona di *tenements*, le case popolari in cui vivevano gli immigrati, ma negli ultimi decenni sono state riqualificate. Miranda Prestley abita nell'**Upper East Side al 129 E della 73a Strada**, angolo Lexington Avenue. Si tratta di una palazzina del 1907 progettata dall'architetto Henry Alan Jacobs.

La redazione di *Runway*, il giornale diretto da Miranda/Streep (il suo ufficio è al diciassettesimo piano) è al **1221 della 6th Avenue**, Avenue of the Americas. In realtà qui si trova la sede centrale del gruppo editoriale McGraw Hill. L'**Hotel St Regis** in cui si incontrano Andy e Christian Thompson (l'attore Simon Baker) si trova al 2 E 55th Street, all'angolo con la Quinta. Qui ha sede uno dei bar più famosi di Manhattan, il **King Cole Bar** (www.stregisnewyork. com). La festa di beneficenza organizzata da *Runway* si tiene al **Museo di Storia Naturale di New York**,

Central Park West 79th Street. Il *New York Mirror*, in cui Andy trova lavoro alla fine del lungometraggio, non esiste, ma la scena è stata girata di fronte al **Cary Building**, edificio residenziale del 1857 dichiarato di interesse storico nazionale, che si trova a Tribeca (105 Chambers Street). Qui, però, una redazione c'era davvero, quella del *New York Sun*.

Insonnia d'amore

Prima di *C'è posta per te*, Nora Ephron aveva già fatto recitare insieme Meg Ryan e Tom Hanks in *Insonnia d'amore*, film del 1993 che è il remake di *Un amore splendido* con Deborah Kerr e Cary Grant. La scena più famosa – per entrambi i film – è quella girata sulla terrazza al **102° piano dell'Empire State Building** (350 Fifth Avenue).

Io e Annie

Il titolo originale è *Annie Hall*, il nome della protagonista, Diane Keaton, insieme a Woody Allen (Alvy Singer) di *Io e Annie*, film del 1977. Passeggiate lungo la **68th Street** (36 E 68th St tra la Madison e la Park) e vi ritroverete sul set di alcuni dialoghi tra Annie e Alvy, andate a **South Street Seaport** in Downtown Manhattan per il panorama su Brooklyn e i due ponti: Brooklyn e Manhattan.

Lo stagista inaspettato

Uscito nel 2015 e con una trama che di certo non sarà ricordata nei decenni, il film *Lo stagista inaspettato*, originale *The Intern*, è davvero un bel vedere per quanto riguarda le location, soprattutto per la zona sempre più ambita di **Park Slope**. Scritto e diretto da Nancy Meyers, i protagonisti di *The Intern* sono Anne Hathaway (Jules) e Robert De Niro (Ben).

Se volete visitare alcuni dei luoghi più glam di Brooklyn, potete affidarvi a questa pellicola e agli indirizzi seguenti. La casa *brownstone* di Jules si trova al

385 di Grand Avenue e Gates Avenue a Brooklyn. La caffetteria con i divani in cui Jules va a scusarsi con Ben era **Toby's Estate Coffee** a Williamsburg (125 N 6th Street e Berry Street) dove adesso c'è un locale che si chiama **Partners Coffee - Cafe & Roastery** www.partnerscoffee.com. E a due passi c'è anche uno dei più vecchi bar di Williamsburg (dal 1887), quello in cui Jules festeggia (e si ubriaca), il **Teddy's Bar & Grill** (96 Berry Street, www.teddys.nyc). A Park Slope, fate una passeggiata tra la **7th Avenue e Garfield Place** dove gli stretti edifici dalle grandi vetrate e i frontoni sono un po' storti e ricordano le case sui canali di Amsterdam.

L'ex fabbrica in mattoni rossi a vista in cui ha sede la società di moda e vendita di abbigliamento online fondata da Jules, *About the Fit*, non è a Red Hook, come si specifica più volte nel film, bensì è il **Banknote Building** in Barretto Street, tra Lafayette Avenue e Garrison Avenue, nel Bronx.

Manhattan

In *Manhattan*, un canto d'amore per l'isola di NYC da parte di Allen, ritroviamo gli interpreti del film di due anni prima: lo stesso Woody Allen (Isaac Davis) e Diane Keaton (Mary Wilke). Allen si accordò con il direttore della fotografia, Gordon Willis, per girare il lungometraggio in bianco e nero su schermo panoramico così da rendere al cinema la stessa città come uno dei protagonisti del film. Ne esce una Manhattan decadente, proprio quella che ricordava Allen quando era bambino.

A **Riverview Terrace** (Sutton Square, 59th Street) è stata girata la bellissima scena dei protagonisti che chiacchierano sulla panchina affacciata sull'East River e sul **Queensboro Bridge** illuminato. Loro sono due silhouette nell'alba di New York. Da questa immagine è stato realizzato il famoso poster del film. Dopo anni di "apri e chiudi", ha riaperto da poco l'**Empire**

Diner (210 10th Avenue, 🔊 www.empire-diner.com) a Chelsea.

Una curiosità: se avete buona memoria, vi ricordate questo locale anche in *Men in Black II*.

Tra le location da non perdere, segnatevi: **Staten Island Ferry**, il **Lincoln Center**, la sala del **Tempio di Dendur al Metropolitan Museum of Art** sulla Quinta, il **Guggenheim Museum** al 1017 della Fifth Avenue, la sala delle sculture al **MoMA** (11 W 53rd Street), il grande magazzino **Bloomingdale's** (59th Street, tra la Lexington e la Third Avenue). Alla **Russian Tea Room**, Isaac si incontra con l'ex moglie Jill (Meryl Streep); il locale era stato chiuso, ma dopo un restauro è stato riaperto (150 W 57th Street, 🔊 www.russiantearoomnyc.com). C'è poi lo scorcio del **Bow Bridge** a Central Park, quando i protagonisti sono sulla barca a remi, e c'è l'**Hayden Planetarium** che fa parte dell'American Museum of Natural History a Central Park WeSt Ancora: **John's of Bleecker Street**, la pizzeria al 278 di Bleecker Street nel Greenwich Village e lo **Zabar's** al 2245 della Broadway nell'Upper West Side, che abbiamo già trovato in *C'è posta per te*.

Molto forte incredibilmente vicino

Extremely Loud and Incredibly Close è un film del 2011 diretto da Stephen Daldry su adattamento cinematografico dell'omonimo romanzo di Jonathan Safran Foer.

Interpretato da Thomas Horn (Oskar Schell), con Tom Hanks nei panni del padre e Sandra Bullock in quelli della madre (ma ci sono anche John Goodman e il candidato all'Oscar Max von Sydow), è un viaggio nella New York dei cinque distretti che Oskar compie su indicazione del padre, morto in una delle Torri Gemelle, per portare a termine un gioco – la spedizione esplorativa – che i due erano soliti fare.

Gli indirizzi da segnare per la vostra "spedizione esplorativa": la storica gastronomia ebrea aperta nel

1908 **Barney Greengrass** (541 Amsterdam Avenue tra la 86a e la 87a Strada, ℹ www.barneygreengrass.com); la casa in cui vive la famiglia Schell è un appartamento nel complesso chiamato "**The Gramont**", costruito agli inizi del Novecento al **215 W della 98a Strada**, Oskar attraversa l'East River percorrendo il **Manhattan Bridge** a piedi per andare a Brooklyn; la gioielleria della famiglia Schell & Son si trova al **2586 della Broadway**, tra la 97th e la 98th Street (qui c'è davvero una gioielleria, quella dell'indiano Harmeet Singh, **The Jewel Boutique**, ℹ www.tjbnyc.com); numerose sono, poi, le scene girate in metropolitana, in particolare sulla linea 2 che va dalla 241st Street di White Plains a Brooklyn, e a Central Park, dove si trova l'altalena che chiude la spedizione di Oskar.

Quando la moglie è in vacanza

Torniamo indietro agli anni Cinquanta. *Quando la moglie è in vacanza* (*The Seven Year Itch*) è un film diretto da Billy Wilder basato sulla commedia teatrale che aveva debuttato al Fulton Theatre di New York nel 1952. Marilyn Monroe, fasciata nel suo abito bianco che si alza quando passa sopra la feritoia della metropolitana, non è che una ragazza, nel film, eppure tutte noi ricordiamo quella scena.

Il punto esatto in cui le gambe di Marilyn si scoprono quando si trova sulla grata è l'angolo tra la **Lexington Avenue e East 52nd Street**, a Manhattan.

Serendipity

Quando l'amore è magia, recita il sottotitolo del film del 2001 diretto da Peter Chelsom con Kate Beckinsale (Sara) e John Cusack (Jonathan). Il racconto si apre in una New York natalizia, al massimo del suo splendore e del suo scintillio.

I due protagonisti si incontrano da **Bloomingdale's** (la catena di grandi magazzini è presente con più sedi, ma quella del film è 1000 Third Avenue 59th

Street e Lexington Avenue, ⧉ www.bloomingdales.
com). La pellicola prende il titolo da un locale che esiste davvero a Manhattan, **Serendipity 3**, e che si trova nell'Upper East Side (225 E 60th Street, anche se nel film dicono che si trova sulla 68a, ⧉ www.serendipity3.com). Se riuscite a resistere in coda per trovare un posticino per voi, poi ordinate la *frozen hot chocolate*, il pezzo forte di Serendipity 3.

Altri indirizzi: l'hotel **Waldorf Astoria New York** (301 Park Avenue, ⧉ www.waldorfnewyork.com), **Chelsea Pier 59** (W 18th Street e 11th Avenue), Grand Army Plaza (all'angolo tra Central Park South e la Quinta Avenue, di fronte al Plaza Hotel), la pista di pattinaggio **Wollman Rink** allestita a Central Park (tra la East 62nd e la 63rd Street, ⧉ www.wollmanskatingrink.com) e sulla quale si affacciano i grattacieli di Uptown Manhattan.

Stregata dalla luna

Moonstruck è stato diretto da Norman Jewison nel 1987, con una giovane Cher che interpreta Loretta Castorini e un altrettanto giovane Nicolas Cage (Ronny Cammareri). Il romantico film sull'aria de *La Bohème* di Giacomo Puccini è girato soprattutto per le strade di Brooklyn, in cui a lungo è stata fortemente presente la comunità italiana che oggi abita ancora in alcune zone, come a **Carroll Gardens** e a **Cobble Hill**. La panetteria dei fratelli Cammareri è situata proprio all'angolo tra **Sackett Street e Henry Street**, al confine tra i due quartieri citati, e proprio di fronte al bellissimo locale Brooklyn Farmacy. L'appartamento di Loretta si trova al **19 di Cranberry Street** all'altezza di Willow Street, a **Brooklyn Heights**.

Loretta lavora a Manhattan, nel Village. Il suo posto di lavoro è al **177 di Sullivan Street** all'angolo con Bleecker Street. Il **Cafe Cluny**, seppure ristrutturato, resiste ancora al Greenwich Village (284 W 12th Street, ⧉ www.cafecluny.com). Ancora a Manhattan, troviamo Loretta e Ronny al **Lincoln Center** in Columbus Avenue.

Tutti dicono I love you

Ancora Woody Allen. Il film del 1996 ha per protagonisti un cast di star: Julia Roberts, Edward Norton, Drew Barrimore, Goldie Hawn, Natalie Portman, Tim Roth. *Tutti dicono I love you* è ambientato tra New York, Parigi e Venezia, le tre città che Woody Allen ama di più al mondo. A Manhattan gli scorci sono numerosi: sulla **Madison Avenue** all'altezza della E 71st Street, nei pressi del **Met Museum**, 1000 Fifth Avenue e East 82nd Street, ancora la Madison e la E 93th Street con **The Corner Bookstore** (1313 Madison Avenue, www.cornerbookstorenyc.com). Il locale in cui si reca una giovanissima Natalie Portman è l'**EAT Cafe** nell'Upper East Side (1064 Madison Avenue, www.elizabar.com).

Un giorno di pioggia a New York

Il protagonista Gatsby (Timothée Chalamet): "Una cosa su New York City. O sei qui o non sei da nessuna parte. Non puoi raggiungere un simile livello di ansia, ostilità o paranoia in nessun altro luogo. Ho bisogno del monossido di carbonio per sopravvivere. Siamo due creature differenti. A te piace il suono dei grilli, a me il rantolio dei taxi. Tu sbocci al sole, io entro nella mia pelle sotto un cielo grigio".

Il film di Woody Allen girato tra 2018 e 2019 ha molte location care al regista e che ormai conosciamo, ma è molto romantico ed è sempre bello riconoscerle nelle pellicole, riviverle quando non siamo nella Grande Mela e, quando torniamo a New York, vederle con gli occhi di un determinato film. Alcune scene sono state girate in tre hotel: l'**Hotel Plaza Athénée** (37 E 64th St, www.plaza-athenee.com) dove Ashleigh/Elle Fanning aspetta invano davanti all'ingresso, **The Bowery Hotel** (355 Bowery) nell'East Village e **The Pierre A Taj Hotel** (e E 61st St at Fifth Ave, www.thepierreny.com), un elegante albergo che risale agli anni Trenta di fronte al lato est di Central Park. Ashleigh e Gatsby si incontrano al **Bemelmans Bar** (Carlyle Hotel, 35 E 76th St, www. rosewoodhotels.com/en/the-carlyle-new-york/dining/bemelmans-bar) dove lui ha suonato il piano. Le pareti del bar sono decorate da Ludwig Bemelmans, illustratore per The New Yorker e Town and Country e autore della serie di libri per bambini Madeline. Gatsby incontra Shannon/Selena Gomez al Greenwich Village in **Minetta Street** e in due posti famosi: **Minetta Tavern** (113 MacDougal St, www. minettatavernny.com) e **Cafe Wha?** (115 MacDougal St, www.cafewha.com). Si vedono poi gli esterni e gli interni degli storici studi **Kaufman Astoria Studios** nel Queens. Inaugurati nel 1920, inizialmente hanno ospitato la Paramount, oggi invece ospitano le riprese di serie tv, film, spot. Non può mancare il **Met**, al cui esterno si fermano a chiacchierare Gatsby e Shannon. Il film si chiude a Central Park: compare il **Delacorte Clock**, un orologio con animali che si muovono alle 8 e alle 16 (ma nel pomeriggio dipende dal periodo dell'anno) e si trova all'altezza della 64a Strada East, dove si trova lo Zoo.

Quali cinema vale la pena visitare a New York?

Certo, tra un musical a Broadway o un film al cinema, potendo scegliere, opzionate subito il primo. Ma anche una bella vecchia sala rimodernata con le tecnologie all'ultimo grido può dare delle belle soddisfazioni.
Vi lascio qualche indirizzo interessante:

- **AMC Empire 25** (Midtown)
www.amctheatres.com

Ha 25 sale e si trova a pochi passi da Times Square, 234 W 42nd St.

- **Anthology Film Archives** (NoLita)
www.anthologyfilmarchives.org
È un istituto cinematografico in cui organizzano proiezioni di film indipendenti, stranieri e d'avanguardia, sia attuali, sia d'epoca.

- **Cinéma Village** (Village)
www.cinemavillage.com
22 E 12th St.

- **Nitehawk Cinema Prospect Park** (Brooklyn)
www.nitehawkcinema.com/prospectpark
Si possono ordinare drink e stuzzichini durante il film. 188 Prospect Park W.

- **Village East by Angelika** (East Village)
www.angelikafilmcenter.com/villageeast

New York nei libri

Leggere i libri che raccontano storie ambientate a New York mentre si organizza il viaggio e durante il soggiorno, significa entrare immediatamente in sintonia con la città e allinearsi a essa. Al rientro a casa è più facile mantenere vivi i ricordi e sentire meno la mancanza di NY.

Si vanno a visitare i luoghi in cui sono stati girati i film per voler vivere per qualche attimo proprio nei punti in cui gli attori si sono trovati, come se avessero lasciato un'impronta, e per provare la sensazione di trovarsi in un set. I libri, invece, fanno altro: regalano le atmosfere. E, a volte, è più utile girare con uno di essi sottobraccio invece di una guida.

Belli e dannati

È il secondo romanzo dello scrittore statunitense Francis Scott Fitzgerald, pubblicato nel 1922.

Da leggere perché, come diceva il sottotitolo della rivista *Metropolitan Magazine*, è un romanzo-inchiesta sulla rivolta della gioventù americana.

Colazione da Tiffany

È il romanzo di Truman Capote del 1958 da cui è stato tratto l'omonimo film. Tra il libro e il lungometraggio con Audrey Hepburn ci sono alcune differenze che è bello cogliere leggendo l'uno e guardando l'altro. Lo scritto di Capote è di sicuro più crudo e realistico del film.

Da leggere per assaporare le atmosfere vintage di Manhattan e per mettersi nei panni della cover-girl Holly.

Follie di Brooklyn

Paul Auster chiude *Follie di Brooklyn* il giorno dell'11 settembre 2001, una data che non dimenticheremo mai. Il libro però non racconta di attentati o di terrorismo, ma è una meravigliosa storia corale che ruota intorno a Nathan, che torna nella City per vivere gli ultimi anni della sua vita, e a suo nipote Tom. Ci si affeziona a tutti i personaggi, nelle magiche atmosfere di Brooklyn, in particolare di Park Slope e di Prospect Park. Paul Auster ci manca già molto.

Da leggere perché la nuova Chelsea è proprio a Park Slope e di romanzi così se ne trovano pochi.

Il falò delle vanità

È un romanzo del 1987 dello scrittore statunitense Tom Wolfe, che tratta dell'ambizione, del razzismo e dell'avidità della New York anni Ottanta.

Da leggere per rivivere l'era reaganiana e per comprendere più da vicino sia i conflitti razziali, sia quelli di classe tra i nuovi ricchi divenuti tali con azzardate speculazioni finanziarie e i cittadini comuni.

Il meglio della vita

Scritto nel 1958, il romanzo di Rona Jaffe comincia in una gelida mattina d'inverno del gennaio 1952, in un grattacielo moderno di Manhattan firmato Mies van der Rhoe. Racconta la storia di Caroline Bender e delle sue amiche. Da leggere per immaginare come fossero le vite delle ragazze di *Sex and the City* cinquant'anni prima.

I newyorkesi

Cathleen Schine ci porta nell'Upper West Side, in un quartiere tranquillo a due passi da Central Park.

Da leggere per chi ama i cani e sa quanto questi amici possano trasformarsi in veri e propri cupidi portando i loro padroni a legare con altre persone. E a innamorarsi.

La grande mela
Ring Lardner ci racconta il viaggio di una famiglia verso New York City per trovare un marito ricco per la cognata del protagonista, Finch. Le cose però andranno in tutt'altra direzione poiché un ricco ragazzo di Wall Street prenderà una sbandata proprio per la moglie di Finch. E le vicende sono solo all'inizio.

Da leggere perché a NY nulla va dato per scontato e nulla è come ci si aspetterebbe. Forse è meglio vivere e non fare programmi.

L'età dell'innocenza
Pubblicato nel 1920 in quattro puntate sulla rivista *Pictorial Review* e poi raccolto in un unico volume, il romanzo della scrittrice statunitense Edith Warton le fece vincere, prima volta per una donna, il Pulitzer nel 1921.

La storia è ambientata nel mondo dell'alta borghesia newyorkese degli anni Settanta del XIX secolo, durante la *Gilded Age*, l'età dorata. *L'età dell'innocenza* è anche un film del 1993 di Martin Scorsese con Michelle Pfeiffer, Winona Ryder e Daniel Day-Lewis.

Da leggere per le descrizioni della Fifth Avenue e il contesto storico degli anni intorno al 1870.

Le mille luci di New York
Non si conosce Manhattan anni Ottanta se non si è letto il romanzo di Jay McInerney. Eccessi, violenze, sesso e droga.

Da leggere perché in questo turbinio di trasgressioni aleggia lo spettro dell'amore.

New York
Edward Rutherfurd inizia con la metà del Seicento a raccontare di New York, quando si chiamava ancora "Nuova Amsterdam", e arriva alla città dei grattacieli dei nostri giorni. Si tratta di una saga appassionante tra storia e finzione.

Da leggere per sapere qualcosa in più degli albori della città dal fascino irresistibile, della guerra di secessione, della crisi del 1929 e per guardare NY con occhi diversi, perché conoscere la Grande Mela significa anche andare al di là di quello che si vede come una semplice turista.

Un albero cresce a Brooklyn
Betty Smith ripercorre in questo romanzo una parte della storia che hanno vissuto i suoi avi, arrivando a Brooklyn dall'Irlanda, e che è in parte autobiografica. Siamo nel 1912, quando a Brooklyn non c'era spazio per un po' di verde, per poter crescere in un ambiente sano e c'era chi non arrivava mai ad allungare lo sguardo fino all'East River o a Manhattan.

Da leggere perché è un romanzo di formazione al femminile, una storia di miseria e di riscatto, e perché ci mostra com'era considerata fino a un secolo fa, ma anche fino a cinquant'anni fa, la Brooklyn che oggi ha un altro aspetto.

Vita da insider: a NYC da 17 anni
Intervista a Laura Giromini

Laura Giromini, sui social conosciuta come @Vivere-NewYork (🔊 www.vivereny.com), attrice e insegnante di fitness, da qualche anno ha trasformato la sua passione in lavoro a tempo pieno. Oltre a condividere delle sue esperienze su blog e social media per permettere a tutti di godere al massimo di tutto quello che NY e viaggiare offrono, lavora come fotografa e videografa per enti del turismo, hotel, ristoranti, servizi e prodotti, creando contenuti da condividere sui loro account social.

Nata a Carrara, ha vissuto per tanto tempo a Milano e per un paio d'anni a Roma prima di trasferirsi a NY insieme al marito Luca a luglio del 2007. Entrambi lavoravano come attori in Italia e sono partiti per inseguire il sogno di farcela a NY. Come molti attori, anche loro hanno subito trovato lavoro come camerieri a Brooklyn per potersi mantenere. Nonostante entrambi continuino a fare audizioni, Luca ha aperto **Sottocasa Pizzeria** (prima a Brooklyn e poi una seconda sede ad Harlem) e fa il maestro di sci Upstate NY d'inverno, mentre Laura trova la sua strada con la sua creatività nei social media.

Quasi vent'anni a New York sono un bel pezzo di vita, come hai visto cambiare la città in questi anni?

In questi anni sicuramente NY è cambiata… e la verità è che è una città in continua evoluzione. In soli pochi mesi, vengono costruiti interi grattacieli. Anche a Downtown Brooklyn, in cui prima esistevano solo casette a due o tre piani, ora sembra di essere nel centro di Manhattan.

È incredibile la velocità a cui questa città si muove senza fermarsi mai. Lo abbiamo visto anche durante la pandemia: la città ha subito investito 3 milioni di dollari in turismo e già nel 2021 aveva riportato in città tutti i turisti americani che potevano viaggiare.

Immagino che sia Brooklyn il tuo distretto preferito, ma qual è il quartiere che, qui, ami di più e perché?

Il mio distretto preferito è Brooklyn, in particolare amo Brooklyn Heights, Cobble Hill, Boerum Hill – il quartiere in cui abbiamo vissuto per oltre 13 anni e in cui ho lasciato il cuore. Le casette risalgono alla fine dell'Ottocento (ovviamente ristrutturate e tenute benissimo), i quartieri sono molto ricchi (più che quelli della maggior parte di Manhattan) e si respira ancora una dimensione a misura d'uomo. In più offre di sicuro la migliore vista dello skyline di New York!

Invece a Manhattan qual è la zona che ti piace di più e quale consiglieresti a chi visita la città per la prima volta?

A Manhattan dipende da cosa si cerca: a me piace tantissimo l'East Village perché è vivo e pieno di locali e giovani, il Greenwich Village per la sua eleganza (mi ricorda appunto i miei quartieri preferiti a Brooklyn) e Chelsea per la diversità, i ristoranti e i rooftop.

Ancora oggi, nonostante Brooklyn abbia cambiato faccia negli ultimi 10-12 anni, la prima volta che i turisti arrivano a NY, visitano Manhattan e al massimo arrivano al ponte di Brooklyn, che cosa possiamo dire loro per spingerli invece a visitare almeno qualcosa di Brooklyn? Poi sono certa che alla loro seconda volta a NY vorranno soggiornare direttamente in questo distretto!

La migliore vista di NYC la si vede dal Brooklyn Bridge Park e dalla Promenade di Brooklyn, dal Gantry Plaza di Long Island City (nel Queens) e da Exchange Place nel New Jersey. Da Manhattan è stupendo salire sui vari osservatori, eppure non offre la stessa emozione. Come minimo, consiglio di spendere $4 e salire sul NYC Ferry e scendere a DUMBO e da lì camminare per il Brooklyn Bridge Park, percorrere lo Squibb Park Bridge (la nostra immagine di coper-

*tina, nda), esplorare Brooklyn Heights e poi ripren-
dere la metro per tornare a Manhattan. Se si ha più
tempo raccomando anche il Path (5 min di viaggio!)
per il New Jersey o lo stesso NYC Ferry per andare
a LIC (Long Island City).*

**Ci racconti come hai pensato di inventare e di creare
i tuoi Wow Moments in NYC? Per me sono un appuntamento imperdibile che mi fa tornare ogni volta lì.**

*Mi piace condividere le mie scoperte e tutti i miei
consigli sono autentici, basati su esperienze che
vivo in prima persona. Visto che spesso mi vengono
chiesti suggerimenti su cosa fare e vedere nei vari
distretti, ho scelto di portare in giro con me chi mi
segue creando queste piccole puntate "Wow Moments in NYC - neighborhood walk", condividendo
tutti gli indirizzi e consigli.*

**Una dritta che so che sarà utile alle lettrici della gui-
da: tu ti muovi a ogni ora con i mezzi pubblici e molto spesso da sola. NY è una città in cui ti senti al sicuro? C'è qualche consiglio che ti senti di dare a chi
arriva a New York e magari viaggia da sola o conosce poco le grandi città?**

*Sono sempre in metropolitana a qualsiasi ora del
giorno e della notte e non mi sono mai trovata in momenti di difficoltà... vi dico una cosa: alcune zone
di Times Square sono onestamente più brutte della metro! Di notte scelgo sempre carrozze più piene per non essere da sola, quello è l'unico accor-
gimento che prenderei – e c'è sempre un sacco di
gente a qualsiasi ora! È la gente di NYC che non
dorme mai.*

**Adesso qualche domanda rapida: il tuo panorama
preferito dall'alto, da dove lo vai ad ammirare?**

*In ordine: amo il Top of the Rock perché è un classi-
co che non delude mai, l'Edge per una vista mozzafiato "all'aperto" a tutto tondo, il Summit per la vista
frammentata data dalla proiezione sui vetri e sugli*

specchi, l'Empire State Building perché è il mio punto fermo della città, e il World Trade Center con la Freedom Tower per l'idea di resilienza e per la sua vista sul porto.

Il salone di parrucchiere che ci consigli?

Non ho un salone preferito, mentre ho due parrucchieri preferiti che seguo (è normale qui per i parrucchieri cambiare saloni in cui lavorano): Okema Diaz (@okemadiazbeauty), e Filipi Bolchevi (@filipibolchevi).

Il tuo ristorante preferito.

Ne ho diversi, e se dovessi sceglierne uno direi Cafe Luluc a Brooklyn: molto semplice e alla mano, conosciuto soprattutto per il brunch.

So che ti piacciono i dolci, dove ci consigli di andare ad assaggiare qualcosa di imperdibile?

*Per i dolci: Angelina Bakery per quelli italiani.
Mia's per quelli americani (anche se i proprietari sono greci).*

E uno sfizio da toglierci a NY, secondo te, quale potrebbe essere?

Shopping (è in generale sempre più economico che in Italia) e uno spettacolo a Broadway.

Tips - I nostri preferiti

- **Dopo Capodanno**, il ribasso post natalizio raddoppia;
- **San Valentino**, 14 febbraio;
- **Presidents' Day**, giorno dei presidenti, che commemora il compleanno di George Washington. È chiamato anche *Washington's Birthday* e cade il terzo lunedì di febbraio;
- **Memorial Day**, dedicato ai soldati americani caduti nelle guerre. È l'ultimo lunedì di maggio;
- **Independence Day**, 4 luglio, di solito è il giorno che dà il via ai saldi estivi, ma ogni negozio si muove indipendentemente ed è possibile trovare ribassi già nella seconda metà di giugno;
- **Back to School**, nel periodo pre-scolastico tra fine agosto e inizio settembre;
- **Black Friday**, il venerdì nero, è il giorno successivo al "Giorno del Ringraziamento" e dà inizio allo shopping natalizio;
- **Cyber Monday**, il lunedì cibernetico, quello che segue il *Black Friday*. All'inizio era dedicato solo all'elettronica acquistata online, ma oggi aderiscono quasi tutti i negozi online degli Stati Uniti;
- **26 dicembre**, il giorno dopo Natale si aprono i grandi saldi invernali di fine anno, con sconti fino al 60%.

Uno dei motivi per cui si sceglie New York come meta per il proprio viaggio è lo shopping. E, se avete intenzione di farlo seriamente, il consiglio è quello di partire solo con il bagaglio a mano e acquistare tutto in città, compresa la valigia con cui tornare a casa.

Oppure potete infilare una valigia più piccola con le vostre cose in un bagaglio più grande che poi spedirete. Al ritorno la piccola sale con voi sull'aereo e quella grande va in stiva con gli acquisti newyorkesi. Sono tanti i marchi famosi che in Italia non troviamo o che hanno aperto un paio di negozi solo nelle città principali, ma a New York la scelta è cento volte tanto perché molti prodotti da noi non arrivano.

Negli Stati Uniti sono molto frequenti i ribassi e i 3x2. Sono numerosi anche i Mid Season Sale, i saldi di mezza stagione che liberano i magazzini e lasciano posto ai nuovi arrivi.

ABBIGLIAMENTO E ACCESSORI

Gli storici

Century 21
www.c21stores.com
Si trova al 22 di Cortlandt Street nel Financial District. È il posto giusto per fare affari d'oro se avete qualche ora di tempo libero. Grandi firme a prezzi scontatissimi.

Macy's
www.macys.com
Si trova tra la 7th Avenue e la Broadway, a Midtown. L'indirizzo è 151 West 34th Street. È l'icona dei grandi magazzini: nove piani di scale mobili, tra cui ancora una di legno.

Bloomingdale's
www.bloomingdales.com
È il cugino di Macy's. Con ogni acquisto vi daran-

no una *brown bag*, una shopper di carta marrone. A
Midtown: 1000 Third Avenue, 59th Street e Lexington
Avenue. A Soho: 504 Broadway.

Nordstrom (Upper Manhattan)

www.nordstrom.com/browse/about/new-york
A pochi passi dal lato sud di Central Park, 225 W
57th St.

Tiffany

www.tiffany.com
La sua storica, elegantissima sede rinnovata è sulla
Quinta Avenue, 727 Fifth Avenue.

I NEGOZI E LE GRANDI CATENE

Abc carpet & home (Union Square)

www.abchome.com
Una location prestigiosa per un bel negozio di casalinghi che vi può far venire anche qualche idea per l'arredo della vostra casa o se dovete fare la lista nozze.
888 Broadway, aperto 7/7.

Abercrombie & Fitch

www.abercrombie.com
Dopo aver avuto per qualche anno un negozio anche a Milano, se si vuole acquistare qualcosa del
marchio, si deve venire qui a NYC. Il negozio è al
668 della 5th Ave.

Aeropostale

www.aeropostale.com
È il "fratello minore" di A&F. Sono diverse le sedi in città,
per esempio al 901 6th Ave, non lontano dall'Empire.

American Eagle

www.ae.com
Date uno sguardo alla linea intimo "Aerie". I punti ven-
dita con più scelta: 1551-1555 Broadway a Times
Square e 599 Broadway a Soho.

An.mé/ahn-may/ (Greenwich Village e East Village)

Sono due gli indirizzi a Manhattan (249 Bleecker St e East 9th St): nasce come negozio di abbigliamento per bambini, ma poi ha iniziato a vendere anche gadget e giocattoli cinesi e giapponesi e non solo. Ci sono Monchhichi, Sonny Angel, Tokidoki, Hello Kitty vintage, Peko-Chan & Poco-Chan, Miffy edizione limitata.

Anthropologie

www.anthropologie.com

Stile *urban-country*. Si trova all'interno del Chelsea Market, 75 9th Ave.

A.P.C.

www.apc-us.com

Sconti sulle varie linee di A.P.C. nel negozio al 405 di Broome St, poi ci sono gli store classici (131 Mercer St, 267 W 4th St, 94 N 3rd St a Brooklyn).

Brookfield Place (Lower Manhattan)

www.brookfieldplaceny.com

L'ex World Financial Center, complesso di edifici per uffici, negozi e food court ha cambiato nome. Si trova tra West Street nell'area di Battery Park City. L'edificio più interessante è il Winter Garden Atrium costruito in vetro. L'indirizzo è 230 Versey St.

Cards and Coffee NYC (Greenwich Village)

www.thecoffeebreakers.com

Questo può essere il posto giusto per fare, sì, una pausa caffè, ma soprattutto per trovare il regalo giusto da portare a qualche amico sportivo o al compagno perché qui sono in vendita figurine sportive di tutti i generi. 94 Christopher St.

Catbird (Williamsburg, Brooklyn)

www.catbirdnyc.com

Beautiful, sparkling and responsibly made jewelry. A volte per entrare in questo bel negozio dovrete mettervi in coda! 108 N 7th St. Ci sono anche delle sedi a Soho e al Rockefeller.

Club Monaco

www.clubmonaco.com

Una catena di abbigliamento con i natali canadesi, molto amata dalle newyorkesi.

Coach

www.coach.com

Borse di pelle e abbigliamento, con uno sguardo ai modelli del passato. Coach è a New York dal 1941. Ci sono varie sedi in città, tra cui 685 5th Ave, 20 Hudson Yards Space Ru127, 143 Prince St.

DNA Footwear

www.dnafootwear.com

Numerose location a NYC per un negozio di scarpe per tutti i gusti. Interni bellissimi, sedute comode per provare le scarpe e personale cortese. Date uno sguardo a quello di Park Slope (220 5th Ave) o quello tra Cobble Hill e Boerum Hill (141 Smith St).

Empire Stores (DUMBO, Brooklyn)

www.empirestoresdumbo.com

Se mancate da NY da un po', qui ricorderete solo fabbriche dismesse. Ora questo bellissimo edificio in mattoni rossi è diventato un moderno urban marketplace in cui fare shopping, farsi fare una piega o prendere un caffè. 53-83 Water St.

Enchantments (Alphabet City/LES)

www.enchantments.nyc

So che ci sono molte appassionate del genere esoterismo et similia, per cui almeno un indirizzo interessante e serio a NYC eccolo qui per voi. La cosa più curiosa mi sembrano le candele personalizzate. Lunedì e martedì è chiuso e anche tutte le mattine (165 Avenue B).

Everlane (NoLita e Williamsburg)

www.everlane.com

Jeans, cachemire e felpe a prezzi molto convenienti. Sul sito vi spiegano come fanno a mantenere una

qualità così alta con prezzi super competitivi (e proposte alla moda). Quelli di NY sono due dei rarissi-
mi store fisici aperti al mondo, altrimenti si acquista
online. 28 Prince St a Manhattan e 104 N 6th St a
Brooklyn.

Free People

www.freepeople.com

Una boutique di abbigliamento e accessori sempre
all'ultima moda. Tra i punti vendita: 79 5Th Ave, 10
W 49Th St, 383 W Broadway & Spring St e una
sede a Brooklyn a Boerum Hill (113 Smith St).

East Village Hats (East Village)

www.eastvillagehats.nyc

Stanno chiudendo alcuni dei negozi storici di cappelli,
a NY. Per fortuna questo sta resistendo. Il negozio ha
ancora il suo laboratorio interno, con una esposizione
di feltri e passamanerie. Julia Emily Knox continua a lavorare su una vecchia macchina per cucire. I cappelli
in vendita sono sia per donna, sia per uomo. Il negozio è chiuso domenica e lunedì e si trova all'80 E della 7th St.

J. Crew

www.jcrew.com

Abbigliamento che segue le mode: a Manhattan ci
sono oltre dieci negozi.

Vi piace cucire e ricamare? Realizzate gioielli, abiti o
borse? Ho due indirizzi speciali per voi: **Toho Shoji
Trimming NY** al 4 Bryant Park Store #2,
www.nytoho.com e **M&J Trimming** al 1008 6th
Avenue, www.mjtrim.com. Sono in Midtown.

Jhon Derian Furniture (East Village)

www.johnderian.com

Un bellissimo negozio di arredi eclettici ed esclusivi per la casa, con un vasto assortimento di idee regalo. 8 E 2nd St. Vicino si trovano **John Derian Drygoods** (10 E 2nd St) e **John Derian Company** (6 E 2nd St).

John Fluevog Shoes (NoLita e DUMBO)

www.fluevog.com

Due location alla moda (67 Prince St a Manhattan e 37 Main St a Brooklyn) per un negozio di scarpe dalle forme molto particolari e coloratissime. Da non perdere.

Kith

www.kith.com

Kith è uno dei negozi di abbigliamento, calzature e accessori casual e alla moda più amato a NYC. Ha più sedi: 337 Lafayette St dove è anche gelateria, dedicato alla donna al 644 della Broadway in un edificio favoloso, al 62 di Bleecker St è abbigliamento per bambini e ragazzi e ce n'è anche uno a DUMBO al 55 di Water st Space 1F, poi c'è una sede al 233 di Flatbush Ave sempre a Brooklyn e una a Williamsburg al 25 di Kent Ave 1 FL.

Little Market NYC (Greenwich Village)

www.littlemarketnyc.com

Qui al Little Market potete trovare tanti artisti e artigiani che espongono negli stand molto curati. C'è davvero di tutto. È aperto 7/7 dalle 11 alle 19 al 637 Broadway.

Lolo (Boerum Hill, Brooklyn)

www.lolo.nyc

Al 192 di Amity St un bel negozio di arredamento per la casa, oggettistica e casalinghi.

Love Shack Fancy (Greenwich Village)

www.loveshackfancy.com

Se volete sognare tessuti leggiadri, tulle e capi romantici, è il posto che fa per voi. Questo negozio si trova solo negli USA e anche se i prezzi sono davvero alti, almeno possiamo fare un giro per prendere ispirazione. Si trova al 390 di Bleecker St

Lulu Lemon

www.info.lululemon.com

Se cercate il migliore abbigliamento per yoga e pilates, affidatevi a questo marchio canadese che in città organizza anche corsi gratuiti in negozio dopo la chiusura o al parco d'estate.

Madewell

www.madewell.com

Linea d'abbigliamento amata dalle star. I negozi più interessanti sono a Brooklyn (109 N 6th St) e a Soho (486 Broadway).

Maria Tash (Village)

www.mariatash.com

Se siete a NY in un'occasione speciale, potreste acquistare qualcosa di altrettanto speciale nella gioielleria di Maria Tash al 635 della Broadway.

Mexico in My Pocket (Carroll Gardens, Brooklyn)

www.mexicoinmypocket.com

Al 415 di Court St un negozio messicano di articoli da regalo: piccoli cimeli, sculture, libri per affrontare un viaggio in Messico, ma anche libri di cucina messicana e poi si svolgono cooking casses. Insomma, una piccola realtà da scoprire.

New York or Nowhere (NoLita)

www.newyorkornowhere.com

Se cercate le shopper e le felpe New York or Nowhere che indossa anche Sarah Jessica Parker, si trovano nel negozio monomarca al 250 di Lafayette St.

Painted Swan (Carroll Gardens, Brooklyn)

www.paintedswan.com

Articoli per la casa nuovi e vintage. È rivenditore ufficiale di Annie Sloan. 407 Court St.

Pupster Bakery (Greenwich Village)

www.pupsterbakery.com

In una traversa della Bleeker, 32 Jones St, c'è una panetteria e pasticceria per i nostri amici a quattro zampe. Ma vendono anche molti gadget da infilare in valigia per portare loro un regalino. Aperto 7/7.

RockSchool Brooklyn (Carroll Gardens, Brooklyn)

www.rockscoolbrooklyn.com

Il negozio di musica ha aperto nel 1993, lo ha voluto fortemente Mingo Tull, ex musicista, insieme a Roseann Natale, che risiedono da sempre a Cobble Hill e Carroll Gardens. È possibile seguire anche lezioni di musica. 389 Court St.

Sézane (NoLita)

www.sezane.com

Le appassionate del marchio francese devono sbirciare L'Appartement Sézane (254 Elizabeth St). Una piccola capsule parigina nel cuore dello shopping di Manhattan.

Shoe Market (Williamsburg, Brooklyn)

È una boutique di sole scarpe da tutto il mondo, in una delle strade più belle di Williamsburg. Controllate sul sito gli sconti settimanali, 197 Bedford Ave.

Stick Stone & Bone (Greenwich Village)

www.stickstonebone.com

Se vi interessano le pietre e i cristalli e le loro caratteristiche e come agiscono sul corpo e sulla mente, questo piccolo negozio al 113 di Christopher St può fare al caso vostro.

Stone and Strand (Tribeca)

Una gioielleria in cui trovare anche piccoli oggetti per regalare o regalarsi un ricordo designed in NYC. 21B Crosby St.

Susan Alexandra (LES)

www.susanalexandra.com

La porta gialla del negozio si riconosce da lontano. In vendita qui ci sono tanti oggetti creati con le perline oppure in argento. I più apprezzati sono quelli da appendere alle borsette o proprio le borse fatte di perline colorate. C'è anche una sezione dedicata ai gioielli di ispirazione ebraica. 33 Orchard St.

The Brooklyn Strategist (Carroll Gardens, Brooklyn)

www.thebrooklynstrategist.com

Il nome di questo negozio è tutto un programma e potrebbe soddisfare l'ansia da regalo poiché è specializzato in giochi da tavolo e carte. Aperto 7/7 dalle 9 alle 23, 333 Court St.

The Jewel Boutique (Upper West Side)

www.tjbnyc.com

Se non volete andare nelle solite gioiellerie che vendono un po' tutte le stesse cose, ma farvi progettare un pezzo unico, potete rivolgervi ad Harmeet. Riparano anche gioielli in oro e argento. 2586 Broadway.

Toy Tokyo (East Village)

www.toytokyo.com

Anime figures giapponesi, art toys, blind box. Da fuori non si direbbe mai che, aprendo la porta nera senza quasi indicazioni, si scopre un mondo. È aperto 7/7 dalle 12.30 alle 19. 91 2nd Ave.

Urban Outfitters

www.urbanoutfitters.com

Numerosi punti vendita a Manhattan e a Brooklyn. Catena stile hipster di abbigliamento e accessori, ma anche arredi eccentrici per la casa e makeup. Tra i punti vendita più interessanti, a Brooklyn 166 Atlantic Ave, a Manhattan 628 Broadway.

Victoria's Secret

www.victoriassecret.com

In Italia non siamo abituati a negozi così grandi di Victoria's Secret. C'è anche la linea dedicata allo sport e quella giovane, Pink. Ha aperto anche sulla Fifth Ave al civico 640.

Wooftown (Greenwich Village)

www.wooftown.com

Non si torna a casa da un viaggio senza un regalo per il nostro amico peloso. Qui possiamo trovare qualcosa giusto per lui. 91 Christopher St.

VINTAGE E PEZZI UNICI

Beacon's Closet (Greenpoint, Brooklyn)

www.beaconscloset.com

74 Guernsey St e 10 W 13th St a Manhattan. Ha anche altre sedi a Brooklyn: 23 Bogart St e 92 5th Ave (a Park Slope).

Brooklyn Charm (Williamsburg, Brooklyn)

www.brooklyncharm.com

Negozio storico in cui si possono acquistare catenine e *charms* per comporre i propri gioielli. Si trova al 616 di Manhattan Ave.

Buffalo Exchange (Williamsburg, Brooklyn)

www.buffaloexchange.com

504 Driggs Ave. Ha anche tre sedi a Manhattan: 114 W 26th St, 332 E 11th St, 714 Broadway.

Dobbin Street Vintage Co-op (Greenpoint, Brooklyn)

www.dobbinstcoop.com

Non solo abbigliamento, ma mobili vintage e casalinghi. 39 Norman all'angolo con Dobbin.

East Village Collective (East Village)

www.eastvillagevintagecollective.com

I prezzi, per essere non dico a NYC, ma a Manhattan, sono bassissimi, però dovete saper cercare bene. C'è di tutto e la selezione è ben tenuta. 545 E 12th St.

No Relation Vintage (Gowanus, Brooklyn)

654 Sackett Street. Hanno scaffali stracolmi di jeans vintage: conviene passare a dare uno sguardo.

Shareen Vintage (Union Square)

www.shareencom

13 W 17th Street 2FL. Qui so che posso stupirvi perché è un indirizzo molto quotato per abiti da sposa vintage.

ABITI DA SPOSA

Chi non ha sognato di acquistare il proprio abito in uno dei negozi dalle vetrine scintillanti di Manhattan? Oppure solo di prendere spunto, per portare in Italia un po' di quella magnificenza, certe volte anche esagerata. Però è il nostro giorno, lasciateci sbizzarrire.

Amsale (Soho)

www.amsale.com

Nel cuore di Soho, non solo abiti da sposa, ma anche per le serate speciali, per essere pronte ai vostri RSVP. Aperto anche domenica. Si trova al 150 di Wooster St.

Galia Lahav SOHO New York City (Soho)

www.galialahav.com

Restiamo a Soho con un altro atelier che fa sognare le giovani spose per l'esperienza d'acquisto. Anche il sito è molto curato e si può iniziare a sognare fin dalla navigazione online. Sono in vendita anche abiti per le occasioni speciali (155 Wooster St).

Kleinfeld Bridal (Union Square)

www.kleinfeldbridal.com

È il negozio di abiti da sposa più grande e più famoso del mondo. Sono pronta a scommettere che al suo interno trascorrerete almeno una giornata intera tra i suoi 11 mila metri quadrati di meraviglie. È stato il set di quasi tutte le commedie bridal girate nella Grande Mela: da *I love shopping* a *P.S. I love you*. E lo avete visto anche nel reality di Real Time TV *Abito da sposa cercasi* (*Say Yes to the Dress*). Kleinfeld ha prestato abiti da sposa anche a *Sex and the City* e Sarah Jessica Parker (Carrie Bradshaw) ha messo in vendita qui la sua collezione di scarpe da sposa. Se volete prendere un appuntamento, ricordatevi che qui si muovono con anticipo: almeno un anno prima delle nozze. La stilista più richiesta? Pnina Tornai. Un ultimo consiglio: tenete d'occhio le quattro svendite annuali perché i ribassi arrivano al 40%. 110 West 20th St, tra la Sesta e la Settima.

Lovely Bride (Tribeca)

www.lovelybride.com

Volete conoscere qualche prezzo prima di recarvi nello showroom? Sul sito web di Lovely Bride è possibile. Scegliete l'abito che vi piace di più e ve ne compariranno alcuni che rientrano in una fascia di prezzo simile. L'elegante sede di NYC è a Tribeca al 182 di Duane St Potete prendere un appuntamento online, ✉ nyc@lovelybride.com.

Esiste ancora la libreria Rizzoli di *Innamorarsi*?

All'interno del St James Building risalente al 1896 nel quartiere NoMad (North of Madison Square Park) si trova la libreria Rizzoli di NYC. Aperta tutti i giorni dalle 11 alle 20 (tranne la domenica in cui chiude alle 19), 1133 della Broadway, ⟫ www.rizzolibookstore.com.

Ma questa è solo l'ultima location di Rizzoli Bookstore, riaperta da qualche anno, dopo la chiusura, nel 2014, di quella storica sulla 57a Strada, di cui, per fortuna, sono stati conservati e riutilizzati nel nuovo spazio sulla Broadway molti arredi, tra cui le librerie in legno di ciliegio e i grandi lampadari in ottone.

La storica libreria Rizzoli di sei piani al civico 31 della 57th St ci era così cara perché è stata la famosa location del film *Innamorarsi*, nell'originale *Falling in love*, del 1984 con Meryl Streep (Molly Gilmore) e Robert De Niro (Frank Raftis). I due, la vigilia di Natale, si scontrano all'uscita della Rizzoli scambiandosi accidentalmente i libri che avrebbero dovuto regalare ai rispettivi coniugi.

Purtroppo nel 2014 non è stata sufficiente la petizione online di circa 15mila firme per bloccare la vendita dell'edificio per far rimanere la libreria lì dove stava, ovvero dove, oltre a *Innamorarsi*, già prima, nel 1979, erano state girate delle scene di *Manhattan* di Woody Allen e, proprio l'anno prima di chiudere i battenti, nel 2013, di *True Story* con Felicity Jones e James Franco.

Il Rizzoli Bookstore era stato fondato da Angelo Rizzoli in persona nel 1964, ma in un altro edificio ancora: al 712 della Fifth Ave (addirittura con le finestre disegnate dall'artista francese René Lalique!), poi nel 1985 era arrivato sulla 57a Strada, location che tanto è stata amata dai registi.

Direi che un giro vale la pena farlo lo stesso per assaporare l'atmosfera magica che è rimasta ad aleggiare tra quegli scaffali.

☼ FOTOGRAFIA

42nd Street Photo (Midtown)
🔊 www.42photo.com
   15 W 36th St.

Adorama (Union Square)
🔊 www.adorama.com
   42 W 18th Street.

B&H (Garment District, Midtown)
🔊 www.phphotovideo.com
   420 9th Ave, chiuso il venerdì pomeriggio e il sabato
   per lo Shabbat. Vende anche attrezzatura usata. Andate a fare un giro, se non dovete acquistare, perché
   è uno spettacolo e un pezzo di storia di Manhattan.

☼ LIBRERIE E CARTOLERIE

Alabaster Bookshop (Greenwich Village)
   Una piccola libreria di libri usati e vecchie copie introvabili. Se siete appassionate del genere, vale la pena
   fare un giro. 122 4th Ave.

Argosy Book Store (Upper East Side)
🔊 www.argosybooks.com
   Un negozio di libri storico nel cuore di Manhattan. Si
   trovano offerte, edizioni rare e stampe. Sabato e domenica chiuso. 116 E 59th St.

Barnes & Noble
🔊 www.barnesandnoble.com
   Forse il più grande negozio di libri di New York. Numerose le sedi, tra cui al 267 della Settima Avenue.

Bauman Rare Books (Midtown)
🔊 www.baumanrarebooks.com/about-us/locations.
   aspx?location=newyork

Da quarant'anni trattano libri rari e antichi, iniziando a Philadelphia, poi qui a NYC e fino a Las Vegas. La sede attuale a Manhattan è al 485 di Madison Ave, Suite 402. Si riceve su appuntamento.

Book Club Bar (East Village)

www. www.bookclubbar.com

Il sito è molto chiaro: libro, vini e caffè. Qui non si viene solo a leggere, ma anche a trascorrere il tempo, bevendo qualcosa in compagnia e chiacchierando delle letture. 197 E 3rd St.

Book Thug Nation (Williamsburg, Brooklyn)

Ottima selezione di opere teatrali. 100 N 3rd St.

Fountain Pen Hospital (Tribeca)

www.fountainpenhospital.com

Il nome è molto simpatico e il negozio è storico. Si trova a poche centinaia di metri dagli edifici del Tribunale di NYC. Vende soprattutto penne di ogni tipo, in particolare stilografiche e articoli di cancelleria. 10 Warren St.

Goods For The Study (Greenwich Village e Soho)

Una elegante cartoleria per le amanti dei diari, delle penne, dei bloc notes e di tutto ciò che colora le giornate di studio e lavoro. 50 W 8th St e 234 Mulberry St.

Greenwich Letterpress (Greenwich Village)

www.greenwichletterpress.com

Tanti gadget e quaderni per cui sarà impossibile uscire a mani vuote. 15 Christopher Street.

Kinokuniya New York (Midtown)

www.usa.kinokuniya.com

Per tutte le amanti di stationery e arte giapponese, fumetti, amigurumi, questo è il negozio giusto. Si trova al 1073 della 6th Ave.

McNally Jackson (Soho)

www.mcnallyjackson.com

Libreria indipendente, si può bere un caffè o assistere a uno degli eventi in calendario. McNally è fornitissima di riviste e libri (anche per i più piccoli). 134 Prince St. Ci sono anche altre sedi: 4 Fulton St a Seaport, al Rockefeller Center, 445 Gold St in Downtown Brooklyn, 76 N 4th St Unit G a Williamsburg.

Mercer Street Books & Records (Greenwich Village)

Ebbene sì, esistono ancora negozi di musica con dei buoni vinili e poi ci sono libri introvabili, tra cui una selezione di memorie. Anche libri usati ben tenuti a buon prezzo. 206 Mercer St.

Mysterious Book Shop (Tribeca)

www.mysteriousbookshop.com

Una libreria specializzata nel genere horror e gialli, un'intera sezione è dedicata a Sherlock Holmes. 58 Warren St.

Niconeco Zakkaya (East Village)

www.niconeco.com

Questa piccola cartoleria giapponese è una delizia. Se volete già iniziare a pregustare che cosa acquisterete, potete guardare il curatissimo sito web. Dai timbri ai biglietti d'auguri, dalla carta da lettere agli astucci ai bloc notes. Aperto 7/7, 263 E 10th St.

Paper Source

www.papersource.com

75 5th Ave e altre location.

Posman Books (Chelsea)

www.posmanbooks.com

Mentre fate una passeggiata all'interno del Chelsea Market, fate una sosta anche da Posman Books, tra libri, carta decorativa, riviste, cartoline, gadget. 75 9th Ave.

Shakespeare & Co. (Upper East Side)

www.shakeandco.com

Vi racconto la sua storia a pag. 137. 939 Lexington Ave.

Spoonbill & Sugartown (Williamsburg, Brooklyn)

www.spoonbillbooks.com

Libreria indipendente dal 1999. Ritirano anche libri tra le 11 e le 16. Aperta fino alle 21. 218 Bedford Ave.

Strand Bookstore (Union Square)

www.strandbooks.com

La sede principale è al 828 Broadway.

The Corner Bookstore (Upper East Side)

www.cornerbookstorenyc.com

Questa libreria ha aperto nel 1978 e ha sempre soddisfatto i desideri letterari dell'Upper East Side di Manhattan. Si trova al 1313 di Madison Ave, aperta 7/7.

Three Lives & Company (Greenwich Village)

www.threelives.com

Questa libreria si definisce come un rifugio per chi legge. Qui si viene non solo per acquistare un libro, ma anche per discuterne e per partecipare a piccoli eventi. È aperta tutti i giorni dalle 10 alle 19, 154 W 10th St.

Westsider Rare & Used Books Inc. (Upper West Side)

www.westsiderbooks.com/

Una libreria stracolma di libri usati anche rari, pregiati e vintage. Il personale è cordiale e vi darà una mano a crcare ciò di cui avete bisogno. 2246 Broadway.

MAKE-UP E TRATTAMENTI

Nella Grande Mela si fa incetta di prodotti che non troviamo in Italia e anche di quelli che spesso ci illudiamo siano più a buon mercato, ma a conti fatti non sempre è così. Però ci piace, ogni volta che ci trucchiamo, pensare che quel rossetto è stato acquistato a NYC. E se ci servisse una manicure o una piega? Questi sono gli indirizzi giusti.

AIRE Ancient Baths New York (Tribeca)

www.beaire.com

Dopo un soggiorno qui, potreste non voler più uscirne. In un edificio industriale del 1808, potete provare l'esperienza dei bagni termali. Andate all'88 di Franklin St.

CVS, Duane Reade e Walgreens

Fate un giro in queste *pharmacy* perché nella zona beauty sono in vendita interessanti mini taglie di shampoo e balsamo. Provate la maschera scrub "St Ives" all'albicocca.

Dvir Salon (Boerum Hill, Brooklyn)

www.dvirsalon.com

Il salone si trova al 99 di Bond Street e c'è una sede anche al 666 di Franklin Ave (Prospect Heights, Brooklyn).

IGK Salon (Chelsea)

www.igkhair.com

Per prenotare: nyc@igkhair.com

Lo chiamano "il salone dei sogni", da provare. Si trova all'interno del Dream Hotel, al piano rialzato in un ambiente progettato da Philippe Starck. Ground Floor, 355 W 16th Street. Un'altra sede è a Soho, 325 W Broadway.

Plaza M Spa Dumbo (DUMBO, Brooklyn)

www.plazamspa.com

Avete bisogno una remise en forme dopo una lunga giornata e prima del drink in un rooftop? Oltre alla location di DUMBO (46 Water St), Plaza M è anche a Tribeca.

Primp & Polish (Williamsburg, Brooklyn)
www.primpandpolish.com
189 Grand Street. Ha anche altre sedi a Brooklyn.

QC NY SPA (Governors Island)
www.www.qcny.com
Un posto a dir poco pazzesco: le QC Terme che conosciamo ma a Governors Island con uno dei più bei panorami su Manhattan (112 Andres Rd).

Riccardo Maggiore Salon (Upper East Side)
www.riccardomaggiore.com
Come dimenticare il salone in cui Carrie cambia colore di capelli e diventa castana dopo il matrimonio mancato con Big? Se volete provarlo, prendete un appuntamento qui: 114 E 57th St.

Sephora
Fate la tessera per raccogliere i punti! Il mio preferito è lo shop di Soho, 555 Broadway. Se volete fare acquisti fino a tardi quelli di Times Square chiudono all'una di notte: 1500 Broadway e 200 W 42nd Street (a mezzanotte). Sulla Quinta è al civico 580.

The Mask Bar (Greenwich Village)
www.themaskbarnyc.com
Un paradiso per le amanti delle maschere per il viso. Ma anche tonico, fluido, salviette struccanti e lipbalm. 259 Bleecker St.

The Modern Chemist (DUMBO, Williamsburg)
www.themodernchemiStcom
Nella ormai super trendy Water Street, una farmacia che propone prodotti di nicchia e diversi servizi tra cui quello relax e wellness. Ha altre due sedi oltre a 62 Water St: Park Slope e Gowanus. Aperta tutti i giorni.

Whistle Salon (East Village)

www.whistlesalon.com

Aperto 7/7 se volete provare un taglio newyorkese prima di rientrare in Italia. Martedì, mercoledì e giovedì chiude alle 21. 267 E 10th St.

Wink Brow Bar (Greenwich Village)

www.winkbrowbar.com

Se anche voi avete la febbre da sopracciglia perfette, questo è il posto che fa per voi: 7 Greenwich Ave e altre sedi.

Crea il rossetto fai-da-te

Non trovate la nuance di rossetto perfetta per il vostro incarnato e i vostri gusti? A New York potete creare il lipstick dei vostri sogni, aggiungendo anche il profumo che più vi piace.

Ad avere questa idea è stata l'azienda **Bite Beauty** di cui trovate gli espositori anche da Sephora, ma solo nel locale di Soho e in quello di Williamsburg potete scegliere voi il rossetto, miscelando i colori disponibili: si chiama **Lip Lab by Bite** e gli indirizzi sono 133 Wooster St a Soho e 160 N 4th St a Williamsburg www.liplab.com.

Se andate da sole, la vostra esperienza dura circa un'ora, se prenotate per un gruppo da 2 a 6 persone un paio d'ore, ma potete anche organizzare un party al Lip Lab by Bite fino a 20 invitati. Un rossetto customizzato costa 65$, un gloss 55$ e un balm 45$.

Dove dormire

uesto è un elenco di alberghi non per tutte le tasche, per sognare un po', per andare a curiosare all'interno, per un viaggio importante.

I consigli per scegliere una sistemazione per dormire vanno dal sito Booking.com (www.booking.com) ad Airbnb (www.airbnb.it) in cui è presente anche una guida dettagliata ai quartieri della città, oppure potete affidarvi alla guida ufficiale della Grande Mela, New York City Tourism (www.nyctourism.com/where-to-stay).

Arlo Williamsburg

www.arlohotels.com/williamsburg

Piscina sul tetto, dondoli a uovo sui balconi privati delle stanze e a dare il benvenuto agli ospiti scritte luminose e un'atmosfera indimenticabile. Da non perdere **The Water Tower,** il rooftop all'interno di una ex torre per l'acqua con vista sullo skyline di Manhattan. Aperta da mercoledì al sabato, dalle 18 alle 4 del mattino.

Bentley Hotel *(Upper East Side)*

www.bentleyhotelnyc.com.

Per godere dal letto della vista sul Queensboro Bridge sull'East River. 500 E 62nd Street.

CitizenM (Times Square)

www.citizenm.com

Per un soggiorno giovane in spazi ristretti, ma nel cuore di Manhattan. 218 W 50th Street. C'è anche una sede al 189 della Bowery.

Gansevoort Meatpacking (Meatpacking District)

www.gansevoorthotelgroup.com

Un tuffo in piscina e panorama mozzafiato. 18 9th Ave.

Hotel Belleclaire (Upper West Side)

www.hotelbelleclaire.com

Costruita in stile Art Noveau da Emery Roth nel 1903, la struttura che ospita il Belleclaire è caratterizzata da disegni lineari e a curve che riprendono le forme della natura. 2175 Broadway.

Hotel Hudson (Upper West Side)

www.it-it.morganshotelgroup.com

Vicino al Columbus Circle, con una grande terrazza su cui prendere il sole nella bella stagione. Molto cozy l'area del cortile con i divani. Attenzione alle offerte che sono assai frequenti. 356 W 58th St.

Hotel on Rivington (East Village)

www.hotelonrivington.com

Una grande struttura a vetri che contrasta tra gli edifici del XVIII e XIX secolo. Proprio grazie alle vetrate, la vista su Manhattan è unica, ci sono anche stanze ad angolo con doppia vista. 107 Rivington Street.

Hyatt House Jersey City (New Jersey)

www.hyatt.com/hyatt-house

Il più bel panorama di Manhattan si vede dal New Jersey e in particolare da Exchange Place. Questo albergo si trova al civico 1 di questa piazza che dà sul lungo fiume Hudson. E l'Hyatt House ha un roof mozzafiato aperto anche ai bambini. Si trova a 2 minuti a piedi dalla fermata del Path.

Lotte New York Palace (Midtown)

www.lottenypalace.com

Il vero lusso, con camere sfarzose e bar esclusivi. Da non perdere le stanze con vista sull'Empire State Building e l'albero di Natale che ogni anno a dicembre è allestito nel cortile dell'albergo, proprio di fronte alla lobby. 455 Madison Ave. Per le fan di *Gossip Girl*: al Lotte vive la famiglia van der Woodsen.

Marriott Vacation Club (Midtown)
www.marriottvacationclub.com
Un piccolo hotel con rooftop speciale con vista sull'Empire. Potete anche chiedere la stanza con la stessa vista favolosa. 33 W 37th Street.

The Belvedere Hotel (Times Square/Midtown)
www.belvederehotelnyc.com
A Times Square si arriva a piedi, dal Belvedere. 319 W 48th Street.

The High Line Hotel (Chelsea)
www.thehighlinehotel.com
Dormire lungo la High Line a Chelsea, mica male. Siamo al 180 10th Ave. La struttura è un dormitorio del 1865 ristrutturato.

The Hoxton (Williamsburg, Brooklyn)
www.thehoxton.com
Camere confortevoli in un hotel di design con vista incredibile su Manhattan. Da non perdere il ristorante in terrazza. Un rooftop d'eccellenza. 97 Wythe Ave.

The Ludlow (LES)
www.ludlowhotel.com
Per sentirsi parte del Lower East Side. 188 Ludlow Street.

The Pierre (Upper East Side)
www.thepierreny.com
È un tuffo nel verde di Central Park. 2 E 61st Street.

The Roger Williams (Midtown East)
www.therogernewyork.com
Potrebbe essere l'albergo preferito dai protagonisti di *Mad Men*. 131 Madison Ave.

The Roxy Hotel (Tribeca)
www.roxyhotelnyc.com
Una notte qui e sembra di vivere a NYC da sempre.
2 Ave of the Americas.

The Standard High Line (Meatpacking District)
www.standardhotels.com
Vista sul fiume Hudson per l'hotel che regala anche
panorami sulla High Line, sul New Jersey, sull'Empire
e sul Chrysler Building. 848 Washington Street.

The Watson Hotel (Central Park West)
www.thewatsonhotelny.com
Siamo al 440 W della 57th St, a poche centinaia di
metri dall'ingresso sud di Central Park. Il punto forte è
la piscina sul tetto. Competitivo sui prezzi.

Thompson Central Park New York by Hyatt (Midtown)
www.parkermeridien.com
Siamo nell'alta Midtown di Manhattan, con vista, dai
piani più alti, su Central Park. 119 W 56th Street.

W Hoboken (New Jersey)
www.whoboken.com
E se voleste godervi la vista di NYC dal New Jersey?
Questa è la risposta. 225 River Street, Hoboken.

Whyte Hotel (Williamsburg, Brooklyn)
www.whytehotel.com
Una ex fabbrica trasformata in albergo proprio sul
lungofiume di Williamsburg, con vista su Manhattan.
Sembra che qui cucinino le *eggs benedict* più buone
di NYC. 80 Wythe Ave.

Dove mangiare

⋮ BAKERY E CAFFETTERIE

Almondine Bakery (DUMBO, Brooklyn)
▧ www.almondinebakery.com
La sosta perfetta prima o dopo una passeggiata sul Ponte di Brooklyn. È specializzato in torte e panetteria. 85 Water Street.

Baked by Melissa
▧ www.bakedbymelissa.com
Ha 10 location a Manhattan: Melissa cucina solo cupcakes e macarons. I loro *bite-size* cupcakes sono appena più grandi di un quarto di dollaro.

Baked (Red Hook, Brooklyn)
▧ www.bakednyc.com
Se volete spingervi al Valentino Pier per ammirare la Statua della Libertà vista di fronte, il posto giusto per una pausa è Baked NYC, lungo la bella Van Brunt Street (al civico 359). I muffin veggie sono ottimi.

Bakeri (Brooklyn e Queens)
▧ www.bakeribrooklyn.com
Freeman Street, 105 a Greenpoint e Wythe Ave, 150 a Williamsburg. Ha aperto una terza sede nel Queens: 8-18 Woodward Ave, Ridgewood.

Bien Cuit (Boerum Hill, Brooklyn)
▧ www.biencuit.com
A due passi dalla fermata della metropolitana di Bergen St, in un quartiere ricco di negozi interessanti, Bien Cuit è il regno della panetteria. Potete fare co-

lazione, merenda o prendere un sandwich per pranzo (provate quelli al salmone). Assaggiate le tartine alla frutta. Nella bella stagione, sul retro si apre un piccolo cortile con pergolato in cui fare una sosta. 120 Smith Street. Ha anche una sede all'interno della Grand Central a Manhattan e sempre a Brooklyn al 721 di Franklin Ave.

Breads Bakery

www.breadsbakery.com

18 East 16th Street a Union Square, ma ci sono varie sedi, tra cui al Lincoln Center e un chiosco in Bryant Park. Classica panetteria golosa, con possibilità di bere un caffè.

Cafe Lalo Patisserie (Upper West Side)

www.cafelalo.com

È uno dei caffè più conosciuti di Manhattan, allure romantica con i mattoni a vista sui muri e le vetrate che danno sulla strada. Lo avete visto di sicuro nel film *C'è posta per te*. 201 W 83rd St.

ChikaLicious Dessert Bar (East Village)

www.chikalicious.com

È un ristorante in cui servono solo dessert in stile giapponese, è aperto tutti i giorni. 203 E 10th St.

Clinton Street Baking Company (East Village)

www.clintonstreetbaking.com

È qui che si cucinano i migliori pancakes di New York. Siamo al civico 4 di Clinton Street. Anche burger e insalate.

Colson Patisserie (Park Slope, Brooklyn)

www.colsonpastries.com

È il punto di riferimento per la colazione per chi vive a Park Slope, una delle zone più belle di Brooklyn. Al sabato e alla domenica mattina arrivano giovani mamme e papà con i figli piccoli per assaggiare una delle squisitezze che preparano in questa pasticceria. Anche un menu su richiesta, oltre ai prodotti esposti.

374 9th Street all'altezza della 6th Avenue. C'è una sede anche a Industry City, 253 36th Street, sempre a Brooklyn.

Culture Espresso (Midtown)

www.cultureespresso.com

Da Culture (72 W 38th Street) trovate una vasta scelta di bevande calde: espresso, cappuccino, americano. Accompagnate il vostro hot drink con un cookie che, appena addentato, gronda cioccolato. Ci sono varie sedi.

Dominique Ansel Bakery (Soho)

www.dominiqueansel.com

L'indirizzo è 189 Spring Street. Si tratta di alta cucina e, infatti, è definito "not any ordinary bakery".

Erin McKenna Bakery NYC (LES)

www.erinmckennasbakery.com

Le divise più funny di Manhattan di certo le usano le commesse della Bakery di Erin McKenna. Qui sono in vendita dolci e biscotti senza lattosio, uova, soia e glutine. Sono zuccherati con agave. 248 Broome St.

From Lucie (East Village)

www.fromlucie.com

Poche volte in vita mia ho visto delle torte così romantiche: sono decorate con fiori freschi. Il menù è stagionale. 263 E 10th St.

Insomnia Cookies

www.insomniacookies.com

Grandi cookies piatti e burrosi preparati con noci di macadamia, alla menta, con il burro di arachidi, con gli M&M'S, al doppio cioccolato o al cioccolato bianco. A Manhattan ha più location.

Lê Phin (East Village)

È una piccola caffetteria e pasticceria vietnamita. Preparano l'Iced Pandan Latte. 259 E 10th St.

Levain Bakery (Upper West Side)

www.levainbakery.com

Se amate i cookies, quelli di Levain sono alti, morbidi e con il cioccolato quasi liquido all'interno. Lo trovate al 167 W della 74a Strada. Ha aperto altre sedi: sempre nell'Upper West Side al 351 di Amsterdam Ave e nell'Upper East Side al 1484 della 3a Strada, ad Harlem al 2167 di Frederick Douglass Blvd, nel Queens ad Astoria (9-20 35th Ave), a Brooklyn a Williamsburg (164 N 4th St).

Magnolia Bakery (West Village)

www.magnoliabakery.com

A NY è un'istituzione per i cupcakes e per le classiche torte americane altissime e piene di glassa. La sede storica che compare anche in *Sex and the City* è in Bleecker Street, al 401. Ci sono anche altre sedi, tra cui Rockefeller Center, Grand Central Terminal, Central Park South.

Mille-feuille Bakery Cafe

www.millefeuille-nyc.com

Tre autentiche pasticcerie parigine nel cuore della Grande Mela. Si può anche ordinare online, 552 LaGuardia Place e 2175 Broadway, e 622 Vanderbilt Ave a Prospect Park, Brooklyn.

One Girl Cookies (Boerum Hill, Brooklyn)

www.onegirlcookies.com

Assaggiate il *drip coffee*, il vero caffè americano, quello con il filtro, e i biscottini con i nomi di donna. I miei preferiti sono "Mary" e "Penelope". 33 Main St.

Poseidon Bakery (West Side)

www.poseidonbakery.com

Ci sono dei luoghi a New York che all'improvviso ci ricordano che questa è una città costruita dagli emigrati europei. Uno di questi è Poseidon Bakery, pasticceria greca dal 1923. Entrare qui è come fare un

viaggio con il teletrasporto in un angolo di Monastira-
ki, ad Atene, 629 9th Avenue.

Stumptown Coffee Roasters
www.stumptowncoffee.com
Un buon caffè appena tostato in un locale minimal
ma accogliente, con numerose location in città, tra
cui Greenwich Village (30 W 8th St) e Cooble Hill a
Brooklyn (212B Pacific St).

Vesuvio Bakery (NoLita)
www.vesuvio-bakery.com
Panetteria e pasticceria italiana, anzi meglio dire forno, visto che tutto viene preparato qui. Si può anche
prendere un caffè. 160 Prince St.

BAGEL E SANDWICH

Black Seed Bagels
www.blackseedbagels.com
Sono così farciti, i bagel che preparano al BSB, da
non riuscire non solo a addentarli, ma quasi a tenerli
tra le mani.
Ha aperto dieci locali, tra cui: 170 Elizabeth Street a
NoLita, 176 First Avenue nell'East Village e presso il
Brookfield Place a Battery Park City. Adesso lo trovate
anche a Brooklyn.

Defonte's (Red Hook, Brooklyn)
www.defontesofbrooklyn.com
Da Defonte regna sovrano il sandwich. Ordinatelo
con pastrami e formaggio filante svizzero, con roast-
beef, mozzarella e melanzane, con patate e peperoni. Lo speciale Valentino è con peperoni, melanzane e
provolone. Gli ingredienti saranno assemblati davanti
ai vostri occhi in un pane con i semi di sesamo, 379
Columbia Street.

Russ & Daughters (Lower East Side)

www.russanddaughters.com

Zuppe, insalate e dolci, ma soprattutto bagel. In uno stabile in puro stile LES con le scale antincendio e l'insegna luminosa che indica "appetizers". Potete acquistare formaggi, frutta secca o ricoperta di cioccolato, caviale e salmone (179 E Houston Street), oppure visitare il caffè al 127 Orchard Street. Ora c'è una sede anche in Hudson Yards (502 W 34th St) e una a Brooklyn (141 Flushing Ave Building 77).

Il primo caffè approvato dog-friendly

Si chiama **Boris & Horton**, si trova nell'East Village, ed è il primo caffè approvato dog-friendly a NYC. È possibile anche organizzare eventi e sono in vendita simpatici e utili gadget per i nostri compagni di vita. Ovviamente c'è anche il dog menù. www.borisandhorton.com 195 Avenue A.

BRUNCH

Balthazar Restaurant (Soho)

www.balthazarny.com

Il bistro tradizionale parigino serve dalla colazione alla cena fino a tardi. Raccomandato dalla guida Michelin è un punto fermo nella ristorazione di New York da quando ha aperto, nel 1997. Tutti i giorni trovate ostriche fresche. Consigliato per il brunch, 80 Spring Street.

Cafe Colette (Williamsburg, Brooklyn)

www.cafe-colette.com

Termosifoni blu, pavimento a scacchi, sgabelli di legno intorno al bancone. Un bellissimo ambiente per un brunch per cui vale la pena prenotare in anticipo. 79 Berry St.

Devocion (Williamsburg, Brooklyn)

www.devocion.com

La location vince su tutto, perché pur stando all'interno di una tipica *brownstone* di Brooklyn, sembra di stare in un cortile con giardino. Regalatevi un momento di relax sorseggiando un caffè, 69 Grand Street.

Friend of a Farmer (Gramercy Park e Upper West Side)

www.friendofafarmer.com

Non solo brunch al Friend of a Farmer, aperto prima a Gramercy Park nel 1986 e poi nell'Upper West Side: anche colazioni, pranzi, cene, pausa dolce oppure per concedersi un bicchiere di vino o per fare un happy hour. Si fa sempre il pane fresco e si scelgono solo le migliori materie prime seguendo ciò che si trova al mercato. È al 77 di Irving Place e al 68 W 71St.

Juliette (Williamsburg, Brooklyn)

www.juliettewilliamsburg.com

Un grande patio verde al centro del locale, coperto per poterlo utilizzare anche d'inverno o con la pioggia. Perfetto per un brunch lento, ma meglio prenotare. 135 N 5th St.

La Mercerie Cafe (Soho)

www.lamerceriecafe.com

Ampie vetrate, fiori e cucina francese. Brunch nel weekend, tutti gli altri giorni, colazione, pranzo, aperitivo e cena. 53 Howard St.

Minetta Tavern (Greenwich Village)

www.minettatavernny.com

Quando una steakhouse parigina incontra una taverna di NYC nasce Minetta Tavern, un classico di Manhattan per il brunch servito nel fine settimana fino alle 15. Qui venivano anche Hemingway, Dylan Thomas ed Ezra Pound, 113 MacDougal Street.

Waverly Inn (Greenwich Village)

www.waverlynyc.com

Un delizioso giardino in cui trascorrere il pranzo lento del weekend. O per un salto in settimana. Siamo al civico 16 di Bank St.

BURGER (... ANCHE VEG!)

Blue Ribbon Fried Chicken (East Village)

www.blueribbonfriedchicken.com

Vi stuzzica l'idea del burger, ma non avete voglia di carne rossa? Forse la risposta per voi è al Blue Ribbon: tra due fette di pane vi metteranno pollo fritto, definito il migliore del mondo. 28 E First Street. Consultate il menu online.

BO's Bagels (Harlem)

www.bosbagels.com

Che bello, dei bagel anche con opzioni vegane! Al 235 W 116th St ad Harlem e al 3750 della Broadway.

Burger Joint (Midtown)

www.burgerjointnyc.com

Per molti è questo il burger più buono di Manhattan. Si trova all'interno dell'hotel Thompson Central Park New York. Entrando, chiedete indicazioni per Burger Joint e vi indicheranno un piccolo luogo dietro una tenda. Questo locale esisteva ben prima dell'albergo e, invece di raderlo al suolo, come si fa a NYC, è stato inglobato nella nuova struttura, continuando a vivere di vita propria. Potete mangiare il vostro burger a uno dei tavoli oppure ordinarlo per l'asporto. Finalmente propone per i veg i plant-based burger. 119 W 56th Street. C'è una sede anche a Penn Station nella Moynihan Food Hall (383 W 31st St Unit 31) e una a Brooklyn a Industry City (220 36th St Suite B114S).

Moonstruck Eatery (Upper East Side)

www.moonstruck.nyc

Questo localino è commovente, per il suo aspetto *fané*, come i suoi camerieri, forse. Ottimo per una pausa prima o dopo la gita a Roosevelt Island. Provate i burger e le ottime patatine fritte. 250 R 58th St.

PLNT Burger

www. www.plntburger.com

Figuriamoci se un PLNT Burger non è nel quartiere NoMad che è tra i più quotati di Manhattan! Ma ce ne sono anche altri, in città.

Shake Shack

www.shakeshack.com

Patatine a zig zag, deliziosi sandwich con il pane morbidissimo e tante location tra Manhattan e Brooklyn. Le più belle e caratteristiche sono quelle di Madison Square Park, all'interno di Grand Central Terminal e a DUMBO, ai piedi del Ponte di Brooklyn. Assaggiate *fifty/fifty*, metà limonata e metà tè freddo, e c'è l'opzione burger veggie.

Teddy's Bar & Grill (Williamsburg)

www.teddys.nyc

Si trova in un locale storico al 96 di Berry St ed è un ottimo rifugio per un brunch o un hamburger. Buona scelta di birre.

Golden Manna Bakery (Chinatown)

www.goldenmannabakery.com

I cinesi in visita a NYC vengono qui a cercare i loro dolci della tradizione. 16 Bowery, aperto tutti i giorni dalle 6.30 alle 16.30.

Joe's Shanghai (Chinatown)

www.joeshanghairestaurants.com

Qui si mangiano ottimi *dumplings* in grandi tavoli comuni. I fagottini o ravioli cinesi sono ripieni di carne o di pesce, ma attenzione perché sono serviti in un brodo bollente, 46 Bowery.

Mimi Cheng's Dumplings (East Village)

www.mimichengs.com

È specializzato in ravioli in stile cinese e taiwanese. Ogni giorno fagottini preparati freschi. Aperto dal lunedì alla domenica, si trova al 179 della Second Avenue, ha un'altra sede a Manhattan nell'Upper West Side (309 Amsterdam Ave) e a Brooklyn a Boerum Hill (224 Atlantic Ave).

Peking Duck House (Chinatown)

www.pekingduckhousenyc.com

Un pasto rapido a pranzo o una cena più lenta per assaggiare vero cibo cinese, come dicono gli abitanti di Chinatown. 28 Mott St A.

GELATO

Brooklyn Farmacy & Soda Fountain

(Cobble Hill, Brooklyn)

www.brooklynfarmacyandsodafountain.com

Si viene in questo delizioso locale per fermarsi un po', godere del bell'arredamento con il lungo bancone di legno, le scritte vintage e il pavimento a mosaico. Ordinate una grande coppa di gelato con la panna, un pastrami o un hot dog. Riconoscete il locale per la panchina rosa all'esterno, 513 Henry Street.

Culture an American Yogurt Company

(Greenwich Village)

www.cultureny.com

Lo yogurt gelato si serve in coppette di carta dal sapore vintage e, come topping, una vasta scelta tra granella di cioccolato, fragole, cereali e caramelle mou. 60 W 8th Street, ma c'è una sede anche a Brooklyn; 331 5th Avenue.

Jacques Torres

www.mrchocolate.com

Se lo chiamano Signor Cioccolato, c'è un motivo. Assaggiate i cioccolatini e il gelato. Ha diversi punti vendita, tra cui 66 Water St a DUMBO, Brooklyn.

Un pezzo di gusto italiano a Brooklyn

All'**Albero dei Gelati** (www.alberodeigelati.com) si lavora solo con materie prime delle fattorie locali, a km zero e con i piccoli produttori. Si trova a **Park Slope** (341 5th Avenue).

Assaggiate i gelati, ma il menu è ben più vasto, per un pasto veloce o uno spuntino fino a sera (tutti i giorni chiude alle 22.30).

Malai Ice Cream (Boerum Hill, Brooklyn)

www.malai.co

Un tocco di India in gelateria. I gusti per farvi venire l'acquolina: Masala Chai, rosa con mandorle tostate, radice di zenzero, caffè turco, vaniglia al sale marino, finocchio e arancia, mais e zafferano... 268 Smith St.

Kith Treats (Brooklyn)

www.kithtreats.com

Con il topping c'è da divertirsi: "Cheerios", "Cap'n Crunch", cereali al miele e cookies. Si definiscono come il primo locale tutto a base di cereali, 235 Flatbush Avenue, Prospect Heights. È collegato alla catena di abbigliamento e accessori Kith e dopo la prima sede di gelati e cereali Treats ne sono state aperte altre.

OddFellows Ice Cream Co.

www.oddfellows.com

Si definisce la prima gelateria con happy hour, andate a scoprire perché. Le location sono a Manhattan e a Brooklyn, per esempio 44 Water St a DUMBO.

Serendipity 3 (Upper East Side)

www.serendipity3.com

Hot fudge sundae: ecco che cosa dovete ordinare dopo aver superato la fila per entrare nel locale in cui è stato girato *Serendipity*. Non è solo un negozio che vende cioccolato e caffè, ma anche tanta oggettistica particolare, 225 E 60th Street.

ViVi Bubble Tea

www.vivibubbletea.com

Non è proprio una comune gelateria: qui preparano lo zucchero filato e poi lo servono nelle grandi mug. Sembra un'esplosione colorata. Vale la pena andare anche solo per scattare una fotografia. Ci sono 33 sedi tra Manhattan, Brooklyn e Queens, date uno sguardo su Google Maps.

Aunt Jake's (Upper East Side)

www.auntjakesnyc.com

Pasta fatta in casa, pane dalla crosta croccante e che cela una soffice mollica, polpette al sugo per chi non può stare senza i sapori di casa, 1555 2nd Ave.

Bar Pisellino (Greenwich Village)

www.barpisellino.com

Aperto dal mattino alla sera, Bar Pisellino nel West Village promette di condividere l'"arte del bere". Gli chef in cucina sono Rita Sordi e Jody Williams. Il locale è molto curato con il suo bancone in marmo, in classico stile italiano. 52 Grove St 7 Ave.

Barbetta Restaurant (Hell's Kitchen)

www.barbettarestaurant.com

Nel 2006 ha festeggiato il centesimo anniversario. Qui si mangia piemontese, come le origini dei fondatori che arrivano da Fubine, un paese nel cuore Monferrato (che potete scoprire nel mio libro *Monferrato, Alessandria, Asti*, Morellini Editore). Si deve a Barbetta l'introduzione di alcuni piatti tipici piemontesi nella cucina americana, come l'utilizzo dei tartufi e la bagna cauda. Nelle giornate calde, potete riservare il vostro tavolo nel giardino con fontana, 321 W 46th St.

Best Sicily Bottega (Wall Street)

www. www.bestsicily.com

Parlano chiaro: "Benvenuti in Sicilia". Dal 2019 l'idea è quella di vendere prodotti italiani a Manhattan e di proporre ricette originali, in particole panini, e così funziona dal 2019. 87 Beaver St, da asporto, aperto tutti i giorni dalle 8 alle 20.

Carbone (Greenwich Village)

www.carbonenewyork.com

Un locale intimo e accogliente con i muri a vista e il soffitto in legno, omaggiando l'essenza dei ristoranti italo-americani della metà del XX secolo a NY, 181 Thompson Street.

Epistrophy (NoLita)

www.epistrophynyc.com

Pareti in mattoni e scaffali caratterizzano questo bel ristorante che serve piatti d'ispirazione italiana e vini internazionali. Chiude tardi, 200 Mott St.

L&B Spumoni Gardens (Bensonhurst/Gravesend, Brooklyn)

www.spumonigardens.com

Pizza al taglio alta e soffice, in questo locale che profuma di Italia, ma anche carne, pasta e fritti di pesce dal 1939; 2725 86th St.

Lilia Ristorante (Williamsburg, Brooklyn)

www.lilianewyork.com

All'interno di un ex deposito di Williamsburg, è nato questo ristorante italiano curato da Missy Robbins. Carciofi alla romana, pescetti fritti e piatti di pasta, 567 Union Avenue.

Panzerotti Bites (Boerum Hill, Brooklyn)

www.panzerottibites.com

Vittoria e Pasquale hanno portato a NYC i panzerotti. Li trovate al 235 di Smith St. Chiuso martedì e mercoledì.

Piatto (Long Island City, Queens)

www.piattolic.com

Un'ampia vetrata con vista grattacieli di Manhattan, a pochi passi dalla passeggiata dell'Hunter's Point South Park e del Gantry Plaza State Park. Ottimo il cappuccino. 1-50 50th Ave, Long Island City.

Piccola Cucina Osteria Siciliana (Soho)

www.piccolacucinagroup.com

In una bella strada di Soho, al 196 di Spring St, è offerto un menù con ricercati prodotti siciliani. L'ambiente è da tipica osteria.

Sogno Toscano Market & Wine Bar (Greenwich Village)

www.sognotoscano.com/

A NYC funziona bene l'accoppiata ristorante e vendita di materie prime del territorio. Da Sogno Toscano dal 2006 i prodotti sono raccontati nei minimi dettagli. 17 Perry St.

Spaghetti Incident (LES)

www.spaghettiincidentnyc.com

Vi è preso un improvviso desiderio di spaghetti? Acquistatene un cartoccio da asporto ricchissimo di condimento, 231 Eldridge Street.

JAPAN

Katsuei (Park Slope, Brooklyn)

www.sushikatsuei.com

Per assaggiare il sushi come a Tokyo, prenotate un tavolo qui. Oppure sedetevi al bancone e scegliete il piatto dello chef, Omakase, 210 7th Avenue. Una sede è a Manhattan: 357 6th Ave.

KOSHER

2nd Ave Deli (Upper East Side)

www.2ndavedeli.com

Siamo sulla 1st Avenue al civico 1442, nella zona dell'Upper East Side. Aperto tutti i giorni fino alle 21, è un ristorante kosher molto famoso nella Grande Mela. Assaggiate il pastrami e il brodo con le *matzo balls*. È possibile chiedere la *delivery*. Ha un'altra sede: 162 E 33rd St.

Katz's Delicatessen (Lower East Side)

www.katzsdelicatessen.com

Da Katz si può andare per due motivi: perché si è fanatici del film *Harry ti presento Sally*, oppure perché si vuole assaggiare il vero pastrami in stile newyorkese. Katz's Deli si trova in 205 East Houston Street. La fermata della metro più comoda è quella di Second Avenue sulla linea F. Il venerdì e il sabato resta aperto tutta la notte.

PIZZA

Se state pensando, "perché dovrei mangiare una pizza a NYC quando posso mangiare le migliori del mondo in Italia?".

Allora forse non sapete che nella Big Apple si possono assaggiare le pizze provenienti da tutto il mondo e, in fin dei conti, anche le più buone. Questo elenco, se avete dei dubbi, vi farà ricredere.

Bleecker Street Pizza (West Village)

www.bleeckerstreetpizzany.com

Una delle pizzerie più amate di Manhattan in un locale che si fa notare, anche da lontano. 69 7th Ave.

Avete mai pensato di scoprire la città di NYC attraverso la pizza? Scott, amante della pizza e grande conoscitore dei distretti della Grande Mela, organizza gli ormai famosissimi **Scott's Pizza Tours** – sia a piedi, sia in bus – a Times Square, a Brooklyn, nell'East Village, nel Greenwich Village e a Little Italy. www.scottspizzatours.com

Don Antonio (Hell's Kitchen)

www.donantoniopizza.com

Lievito madre e lievitazione naturale per oltre 60 pizze sul menù in un ambiente con mattoni a vista e un lungo bancone in legno, 309 W 50th Street.

Hoek Pizza (Red Hook, Brooklyn)

www. www.hoekbrooklyn.com

Pizza romana cotta nel forno a legna al 117 di Ferris St, tra Coffeu e Van Dyke. Bellissimo locale in mattoni a vista e soprattutto la vista che, facendo una passeggiata, si gode da Red Hook su Lower Manhattan.

John's of Bleecker Street (Greenwich Village)

www.johnsbrickovenpizza.com

Si tratta di uno storico locale che dal 1929, propone una pizza sottile e croccante cotta nel forno a legna. Siamo in una delle strade della movida newyorkese, 278 Bleecker Street.

Lombardi's (Soho)

www.pizzerialombardi.it

Sono i primi napoletani che hanno portato la pizza a New York. Lombardi's è a NY dal 1902 e sembra di stare a Napoli con l'arredamento in legno e le tovaglie bianche e rosse a quadri, 32 Spring Street.

Luzzo's La Pizza Napoletana (Upper East Side)

www.luzzosuppereastside.com

È il re della pizza, ha origini napoletane e si cuoce brick oven, ovvero nel forno a legna. Ha tre pizzerie: Upper East Side, 40 Wall St dove è anche bakery e a Brooklyn al 145 di Atlantic Ave.

Pizza Loves Emily (Boerum Hill, Brooklyn)

www.pizzalovesemily.com

Non solo pizza (cotta nel forno a legna), ma anche burger. Massicci tavoli di legno, piastrelle bianche alle pareti, panche e tanti barattoli esposti sulle mensole. Il famoso "Emmy burger" ogni giorno è servito in numero limitato perché gli ingredienti sono sempre freschissimi. Domenica si serve il brunch dalle 12 alle 15, 919 Fulton Street. Ha anche una sede nel West Village: 35 Downing St.

Prince St Pizza (NoLita)

www.princestreetpizzamenu.com

Qui la pizza è al trancio. State attente a non ungervi e ordinate quella con i wurstel, base di pomodoro e tanta mozzarella, 27 Prince Street.

Roberta's (Bushwick, Brooklyn)

www.robertaspizza.com

Pizzeria con forno a legna amata dagli hipster, qui quasi tutti gli ingredienti arrivano dall'orto coltivato alle spalle del locale. Sabato e domenica si organizza il brunch, 261 Moore Street. Ha anche un locale al 6 di Grand St a Williamsburg.

Rubirosa (NoLita)

www.rubirosanyc.com

Siamo al centro di ciò che resta di Little Italy a Manhattan: 235 Mulberry St. Qui sono specializzati in cucina italo-americana e in pizza con la crosta sottile che viene servita dal 1960.

Sottocasa Pizzeria (Brooklyn e Harlem)

www.sottocasanyc.com

Il forno a legna non manca mai nelle due sedi di Sottocasa, locale fondato nel 2011 da italiani trasferiti a NYC. Ottima pizza preparata con ingredienti di alta qualità e clima accogliente. Due le sedi: Boerum Hill (298 Atlantic Avenue, Brooklyn) e 227 Lenox Avenue ad Harlem, Manhattan. Da provare la pizza alla Nutella e il tiramisù con la ricetta della signora Sandra, la mamma di Luca, il titolare.

Delmonico's (Financial District)

www.delmonicorestaurant.com

La bistecca per eccellenza a New York si gusta da Delmonico's nel cuore del distretto finanziario della città. Non è un locale per turisti di bocca buona, ma per cene di lavoro, incontri *business* o per chi vuole regalarsi un'esperienza: quella di vivere una New York d'altri tempi, in un locale elegante e *old style*. Bellissimo edificio ad angolo. L'indirizzo è 56 Beaver Street.

Peter Luger Steak House (Williamsburg, Brooklyn)

www.peterluger.com

Con una seconda sede nel Queens, gli amanti delle bistecche non resteranno delusi da Peter Luger, nominata migliore steakhouse per trent'anni consecutivi. 178 Broadway, Brooklyn.

TEX-MEX

Playa Betty's (Upper West Side)

www.playabettys.com

Si definisce un locale "California-style beach food" e oltre a tacos e guacamole c'è di più. Da provare un sandwich di pastella dolce ripieno di gelato, 320 Amsterdam Avenue.

Tre portate a prezzo fisso? Si può!

Ogni anno a cavallo tra gennaio e febbraio e tra luglio e agosto si svolge la **NYC Restaurant Week** (si può prenotare con qualche giorno d'anticipo il proprio tavolo online) che prevede menu a tre portate a prezzo fisso in circa 350 ristoranti della Grande Mela. Tenetevi aggiornati. www.nyctourism.com/restaurant-week.

Tacombi (Flatiron District)

www.tacombi.com

Alle ragazze ogni tanto piace mangiare tex-mex. Il pezzo forte è il piatto di tacos fai da te, 30 W 24th Street. Ha altre sedi, tra cui quella in Bleecker Street al Greenwich.

VEG E VEGGIE

Avant Garden (LES)

www.avantgardennyc.com

Non solo per vegani, anche per tutte le donne che hanno il desiderio di provare qualche piatto alternativo. Toast con mele, carote e tofu, oppure con olive, arance e noci. E tanti piatti caldi e succhi spremuti al momento. L'indirizzo è 130 East 7th Street, 95 Avenue A 2 FL.

Bodhi Kosher Thai (Chinatown)

www.veganbodhi.com

Al 77 di Mulberry St si trova questo strano e interessante mix di cucina kosher e thailandese vegana in cui è consigliato provare i ravioli. Anche proposte senza glutine.

Dirt Candy (Chinatown)

www.dirtcandynyc.com

Un ambiente elegante per la vostra cena vegetariana. Domenica e lunedì è chiuso. 86 Allen St.

Fresh & Co.

www.freshandco.com

È un franchising e ci sono numerosi Fresh & Co. in città a cui appoggiarsi se si vuole preparare un'insalata healty a proprio gusto. Potete andare anche con qualche amica o amico non veg perché cucinano anche pesce, pollo e tacchino.

Hangawi (Midtown)

www.hangawirestaurant.com

Si definiscono un santuario della cucina vegetariana. Aperto solo per cena, ma 7/7. 12 E 32nd St.

Jajaja

www.jajajamexicana.com

Potete soddisfare la voglia anche di vegano messicano: sono numerose le location di Jajaja a NYC e preparano anche i churros con dulche de leche veg.

Ladybird (East Village)

www.ladybirdny.com

Un locale molto grazioso con le piante che scendono dal soffitto. Aperto nel 2016, serve piatti vegani e vegetariani ed è un wine bar. È possibile chiedere opzioni gluten free. 111 E 7th St.

Le Botaniste (Midtown)

www.lebotaniste.us

Qui è plant-based food e 100% organico. Aperto 7/7, 11 W, 42nd St.

Maman e Petit Maman

www.mamannyc.com

Quasi non si riescono a contare tutte le location di Maman e Petit Maman a NYC. Da assaggiare la Walnut loaf cake.

Osteria 57 (Greenwich Village)

www.osteria57.com

Una formula interessante è questo ristorante che cucina senza carne rossa e bianca, ma solo pesce e vegetariano. Può essere un'idea. 57 W 10th St (è della stessa proprietà di **Alice** al 126 W 13th St, www.alicenyc.com).

Planta Queen (Flatiron District)

www.plantarestaurants.com/location/planta-queen-new-york-city

Aperto pranzo e a cena, 15 W, 27th St.

P.S. Kitchen (Midtown)

www.ps-kitchen.com

A pochi passi da Times Square, 264 W, 48th St.

Seasoned Vegan Real Quick (East Village)

www.seasonedvegan.com

Brenda e suo figlio Aaron servono da anni clienti vegani e vegetariani nel cuore dell'East Village. 128 2nd Ave, a due passi da St. Marks Pl.

The Butcher's Daughter (Greenwich Village)

www.thebutchersdaughter.com

Un juice bar e caffè con cucina basata sui vegetali (piatti vegani e vegetariani). Aperto 7/7 dalle 8 alle 21. 581 Hudson St.

The Juice Shop

www.thejuiceshopny.com

Insalate di frutta e succhi freschi, anche da asporto, alcuni locali della catena chiudono anche alle 22.

The Organic Grill (Greenwich Village)

www.theorganicgrill.com

Il personale fa parte del movimento dell'Organic Food dal 2000 e serve solo cucina organica e vegana. 133 W 3rd St.

Westerly Natural Market (Midtown)

www.westerlynaturalmarket.com

Questo market mi ha salvata cercando cibo vegetariano e sostituti della carne. Ha davvero una ampia scelta plant based e ottima frutta e verdura. Inoltre yogurt, frullati e centrifughe, frutta secca, cereali e granole e un intero settore dedicato a tè e tisane dal mondo, anche confezioni da cento bustine. 911 8th Ave.

Whole Foods Market

www.wholefoodsmarket.co.uk

Non sono ristoranti, ma mercati eco-consapevoli che vendono prodotti alimentari biologici e naturali e anche articoli per la casa. C'è molta offerta vegan e vegetariana e i punti vendita a NYC sono abbastanza presenti.

Barney Greengrass (Upper West Side)
www.barneygreengrass.com

Storica gastronomia ebrea aperta nel 1908 e conosciuta a Manhattan per il pesce affumicato. Chiusa il lunedì, aperta dalle 8.30 fino alle 16, venerdì e sabato fino alle 17 (non fa Shabbat). Non accetta pagamenti con carta di credito. 541 Amsterdam Ave.

Boulton & Watt (East Village)
www.boultonandwattnyc.com

Mattoni a vista e grandi finestre, siamo ad Alphabet City: nell'arredo si mischiano il calore del legno e l'acciaio. Aperto tutti i giorni, potete anche fare un aperitivo, 5 Avenue A.

Brooklyn Crab (Red Hook, Brooklyn)
www.brooklyncrab.com

A Red Hook non si arriva con i mezzi pubblici, ma vale la pena per sentirsi come a Cape Cod nel Maine: qui si mangiano aragosta e granchi, 24 Reed Street.

Brooklyn Roasting CO.
www.brooklynroasting.com

In uno spazio industriale e ricco d'atmosfera, qui si viene per bere un ottimo caffè e assaggiare qualche dolce, mentre si esplora DUMBO, 25 Jay Street, ma ha altre due sedi.

Bubby's (Tribeca)
www.bubbys.com

Se vi viene fame a qualunque ora, non c'è problema perché Bubby's è aperto dalle 8 alle 22 tutti i giorni della settimana. Perfetto per il brunch nel weekend. 120 Hudson St.

Café Sabarsky (Upper East Side)

www.barneygreengrass.com

Al 1048 della Quinta Avenue c'è un ristorante vienne-se con l'allure che ci aspettiamo di trovare. Lo chef è Christopher Engel, già Stella Michelin.

Cafe Wha? (Greenwich Village)

www.cafewha.com

È uno dei locali che hanno scritto la storia di NYC per-ché, tra gli altri, al "Cafe Wha?" suonava Bob Dylan. Veniteci per passare una serata ascoltando qualche ottima band e per mangiare qualcosa, 115 Macdou-gal Street.

Curry House (Chinatown)

www.malacurryhouse.com

Se avete voglia di cambiare cucina e vi va di assag-giare quella malese, a NYC si può fare. Quella tradi-zionale è al 9 di Pell St.

Dante West Village (Greenwich Village)

www.dante-nyc.com/wv

Rinomato ed elegante ristorante di pesce e griglieria. Apprezzato anche per i suoi cocktail. 551 Hudson St.

Freemans (NoLita)

www.freemansrestaurant.com

Freemans vi accoglie in un vicolo verdissimo e con tan-te lucine appese ai fili. Il menù è vario tra insalate, primi e secondi. La porta azzurra vi attende in fondo a Free-man Alley.

Joseph Leonard (Greenwich Village)

www.josephleonard.com

Un bancone di legno, fiori, atmosfera calda e vissuta in cui intrattenersi dalla colazione al dopo cena, 170 Waverly Pl.

Le Coucou (NoLita)

www.lecoucou.com

Lo chef Daniel Rose è in cucina dopo essere stato a Parigi e la sala è una vera delizia con un grande lampadario illuminato con candele. 138 Lafayette St.

Lexington Candy Shop (Upper East Side)

www.lexingtoncandyshop.com

A Manhattan c'è ancora un locale in cui si prepara la cola alla vecchia maniera, spillando uno speciale scirippo che si mescola con seltz e un cucchiaio di gelato alla vaniglia. Aperto tutti i giorni dalle 7 alle 18 (sabato e domenica dalle 8) al 1226 di Lexington Ave.

McSorley's Old Ale House (East Village)

Siamo in zona St. Marks Place, ovvero tra gli hipster di NYC. Questo è il più antico pub della Grande Mela e alle pareti trovate ancora i cappelli lasciati da chi andava in guerra e si riprometteva di recuperarli al ritorno in patria (15 E 7th Street).

Murray's Cheese (Greenwich Village)

www.murrayscheese.com

Ah, gli appassionati di formaggi qui avranno l'acquolina in bocca! Ci sono altre due location: in Grand Central Market (43rd St e Lexington) e a Long Island City (28-30 Jackson Ave). Si possono fare anche degustazioni. 254 Bleecker St.

Palma (Greenwich Village)

www.palmanyc.com

Dall'esterno non potreste immaginarlo, ma entrando e poi arrivando al giardino interno, utilizzabile anche quando piove e d'inverno, scoprirete un luogo di delizie, con fiori freschi e, quando è stagione, un roseto. 28 Cornelia St.

Paquita (Greenwich Village)

È una sala da tè in cui si può sia degustare, sia acquistare. Aperta 7/7, dalle 8 alle 20. 242 W 10th St.

Petite Boucherie (Greenwich Village)

www.boucherie.nyc

In una delle strade più romantiche del Village, al 14 di Christopher St, un locale in stile francese, le cui ampie finestre d'estate si spalancano completamente e creano un tutt'uno con l'esterno.

Pilot (Brooklyn Bridge Park)

www.pilotbrooklyn.com

Hai mai pensato di mangiare ostriche e bere un drink su una sailboat del 1924 ancorata di fronte a Lower Manhattan? Ecco, qui puoi farlo. Pilot si trova al Pier 6, al Brooklyn Bridge Park. Prenotazione consigliata.

Raaka Chocolate (Red Hook, Brooklyn)

www.raakachocolate.com

In questo edificio industriale rimesso a nuovo a pochi metri dal Valentino Pier, si lavora il cacao dal seme al consumo. È possibile anche preparare il custom chocolate, ovvero quello personalizzato. Mandate una mail a graig@raakchocolate.com. Sul website trovate tutti i rivenditori. 58 Seabring Street, Brooklyn.

Sarabeth's (Tribeca)

www.sarabetsrestaurant.com

Oltre alla bella location di Tribeca (229 Greenwich St, appena uscite vi trovate di fronte in fondo alla strada One World Trade Center), ci sono altre quattro sedi: Chelsea, Upper West Side, Park Avenue South e Central Park. Aperto dalla colazione alla cena. Ottimo anche per un pranzo di lavoro.

Souvlaki Gr

www.souvlakigr.com

Voglia di greco? A New York c'è anche questo! In cinque location deliziose: Central Park South, Midtown, East Village e Wall Street. A me piace molto quello al 116 di Stanton St: lo riconoscete dalla porticina e dalle finestre blu.

Shuka (Greenwich Village)

www.shukanewyork.com

Cucina contemporanea mediorientale, ma anche vini e cocktail in un ristorante elegante. Si riconosce da lontano per la sua bella vetrata incorniciata di blu. 38 MacDougal St.

Sylvia's (Harlem)

www.sylviasrestaurant.com

Nel 1962 Sylvia Woods, la regina del *soulfood*, ha fondato l'omonimo locale nel quartiere storico di Harlem. Domenica dalle 11 alle 14 si organizza la "Sunday Gospel Breakfast", 328 Malcom X Boulevard.

The Brooklyn Barge (Greenpoint, Brooklyn)

www.thebrooklynbarge.com

Un american bar e un ristorante sul waterfront di Greenpoint. Con possibilità di salire sul peschereccio! Dall'altra parte dell'East River si trovano le ex case popolari di Alphabet City nell'East Village. Aperto solo nei mesi estivi. 79 West St.

The Osprey

www.theospreybk.com

Un locale a due passi dall'East River e dal Brooklyn Bridge Park. Si trova all'interno dell'albergo 1 Hotel Brooklyn Bridge. Menu raffinato e per tutti i gusti. Anche per un cocktail al tramonto, meglio ancora se accanto a una vetrata. Nel weekend è servito il brunch. 60 Furman St.

The Paris Café (Seaport)

www.pariscafenyc.com

Questo locale francese, recentemente rinnovato, esiste a NY dal 1873. Siamo nel quartiere storico di South Street Seaport, proprio di fronte all'East River e a Brooklyn, 119 South St all'angolo con Peck Slip.

Upland (Flatiron District)

🔗 www.uplandnyc.com

Per una cena romantica in un locale hipster, potete prenotare qui. Ingredienti di stagione, legno, vetro e pelle come arredo, 345 Park Avenue.

Veselka (East Village)

🔗 www.veselka.com

Dal 1954 questo ristorante il cui nome significa arcobaleno serve piatti ucraini della tradizione: ha compiuto settant'anni! Trovate *pierogi, borscht, goulash*. Aperto 7/7 fino a tardi. 144 2nd Ave.

Widow Jane Distillery (Red Hook, Brooklyn)

🔗 www.widowjane.com

Se vi venisse voglia di un goccio di quello davvero buono o voleste riscaldarvi in una giornata fredda, arrivate sino a questa distilleria nel quartiere in evoluzione di Brooklyn e acquistate il Widow Jane Bourbon Whiskey, 218 Conover Street.

Zooba (NoLita)

🔗 www.zoobaeats.com/usa-homepage

Piace molto questo ristorante di cucina egiziana, riconosciuto anche per tre anni di seguito tra i migliori ristoranti di cucina centro e nord africana. Il titolare è Chris Khalifa, nato al Cairo, e lo chef è Moustafa Elrefaey. 100 Kenmare St.

Per tutti i rooftop, si vedano pagina 92 e successive.

I mercatini

Artists & Fleas

www.artistsandfleas.com

Qui si acquistano soprattutto oggetti di design, gioielli e pezzi vintage. Proprio sotto la High Line, all'interno del **Chelsea Market** (88 10th Ave), è aperto tutti i giorni (10-21 e domenica fino alle 20). Quello di **Williamsburg** a Brooklyn (70 N 7th St) è aperto sabato e domenica (10-19).

Brooklyn Flea Market (Brooklyn)

www.brooklynflea.com

Oltre 100 espositori e 30 bancarelle di food (dai tacos di pesce fresco ai panini all'aragosta). Aperto il sabato al **176 di Lafayette Ave**, tra Clermont Ave e Vanderbilt Ave. Domenica lo trovate a **Grand Army Plaza** e a **DUMBO**, Anchorage Place/Water Street. Alcuni stand sono fissi anche se piove. E d'inverno il Brooklyn Flea si trasferisce al chiuso. Fate sempre riferimento al sito ufficiale per scoprire dove si è spostato.

Canal Street Market (Chinatown)

www.canalstreet.market

Si trova al 265 di Canal Street ed è aperto tutto l'anno. È food hall e community space.

Chelsea Market (Chelsea)

www.chelseamarket.com

Da Anthropologie all'Artists & Fleas, da PosmanBooks a tutti i ristoranti che desiderate. Possiamo chiamarlo *urban food court*, oppure *shopping mall*, fateci un salto: è aperto tutti i giorni fino alle 21, 75 9th Ave. Forse non sapete che questa era la fabbrica dei biscotti Oreo.

East 67th Street Market (Upper East Side)

www.67thstreetfleamarket.nova-antiques.com

Lo storico mercato della Grande Mela. Oggi si trova all'interno di un edificio scolastico: il sabato dalle 6 alle 17. 419 E 67th St, tra la 1St e York.

f.a.d. weekend (Brooklyn)

www.fadweekend.com

È un acronimo per fashion, art e design ed è un mercatino pop-up itinerante: cambia infatti sede a seconda della stagione. Consultate sempre il sito ufficiale per la location.

Smorgasburg

www.smorgasburg.com

È una grande festa e un grande mercato di food e di streetfood. Le location cambiano di frequente, consultate il sito. Di solito lo trovate il sabato a Williamsburg, all'**East River State Park**, 90 Kent Ave. La domenica è a **Prospect Park**, Breeze Hill. D'estate Smorgasburg è anche a Manhattan, al World Trade Center, Oculus Plaza.

The Annex - Hell's Kitchen Flea Market (Midtown)

www.annexmarkets.com

È uno dei più amati dai newyorkesi, gli affari migliori si fanno alle 9 del mattino ed è aperto solo il sabato e la domenica fino alle 18. Lo trovate tutto l'anno (tempo permettendo). Oltre 170 stand. West 39th Street, tra la 9th e la 10th Ave.

Soho

Sulla West Broadway il sabato e la domenica trovate la bancarella di un signore che mette in vendita i copioni dei telefilm a 15 $ e quelli dei film a 20 $. Da *Il diavolo veste Prada* alle singole puntate di *SATC*.

Luoghi da selfie

Avete visto una foto su Instagram e non sapete dove sia stata scattata? Volete un ricordo indelebile che sia anche speciale? E forse desiderate scoprire qualche luogo un po' speciale che non sia nella galleria fotografica di tutti. Questa lista è ciò che fa per voi.

Bow Bridge (Central Park)
Uno dei sette ponti di ghisa del parco e uno dei punti più romantici di Manhattan. All'altezza della 72a.

Brooklyn Heights (Brooklyn)
C'è un hotspot imperdibile, per scattare i migliori selfie con vista skyline di Lower Manhattan: è la passeggiata che collega Brooklyn Heights a Brooklyn Bridge Park e DUMBO. Segnatevi i nomi di queste vie: **Columbia Heights e Cranberry Street**. E osservate la bellezza delle case che si affacciano sull'East River.

Caserme dei vigili del fuoco
Una delle più belle, con i camion rossi fiammanti e tirati a lucido, è quella all'angolo tra la 8th e la 48th Street, a pochi passi da Times Square.

City Climb The Edge (Hudson Yards)
Se vi dicessi che potete scalare un grattacielo per circa 350 metri? È di certo un'avventura (in totale sicurezza) che non si può sperimentare ovunque nel mondo. Si entra da 30 Hudson Yards e le informazioni sono su www.edgenyc.com/cityclimb.

Doyers Street (Chinatown)

Sì, si può ancora trovare una strada tipica della vecchia Chinatown, è Doyers St, un lungo tratto sinuoso in cui si susseguono ristoranti, negozi e servizi vari. Da non perdere.

Elizabeth Street Garden (NoLita)

www.elizabethstreetgarden.com

Si trova tra Elizabeth St, Prince St e Spring St. È un giardino con statue, gestito da un'organizzazione no profit. Un polmone verde e artistico che non vi aspettereste. Ideale in primavera e in autunno per un selfie e un break. Si sta combattendo per tenerlo in vita.

Empire State Building da DUMBO (Brooklyn)

Sotto l'arco del Manhattan Bridge, a DUMBO, l'Empire è perfettamente incorniciato. Siamo all'angolo tra la Water e la Washington Street.

Empire State Building da Washington Square Park (Greenwich Village)

Sedetevi sul bordo della fontana e scattate una foto dell'Empire State Building incorniciato dallo Stanford White Arch.

Freedom Tower

È possibile fotografare la Freedom Tower allineata con alcune strade di Lower Manhattan. La vedete spuntare, altissima e imponente, all'improvviso. Alcuni indirizzi: 14th Street e 5th Avenue; W Houston con Thompson Street o West Braodway; 16th Street e Avenue of the Americas.

Gapstow Bridge (Central Park)

È un altro dei ponti icona del parco e offre una delle viste più belle sullo skyline della Grande Mela. All'altezza della 62a, lato est.

Greenacre Park (Turtle Bay, Manhattan)

A NYC c'è anche una cascata tra gli edifici verso Upper East Side. Un piccolo parco verde aperto al pubblico al 217 E 51St St, tra Second e Third Avenue. È uno dei cosiddetti "vest-pocket park" di New York, ovvero giardini tascabili.

Hell Gate Bridge (East River)

Originariamente era il New York Connecting Railroad Bridge o The East River Arch Bridge e la sua forma ricorda il famoso Harbour Bridge di Sydney in Australia. Collega Astoria nel Queens con Manhattan.

Hotel Theresa (Harlem)

Era conosciuto come il "Waldorf di Harlem", ma oggi resta solo la scritta, che è sempre molto fotografata. Lo storico hotel ha ospitato Fidel Castro nel 1960 per il discorso alle Nazioni Unite. Nelle sue stanze sono stati anche Muhammad Alì, Ray Charles, Jimy Hendrix e Malcom X. 2090 Adam Clayton Powell Jr. Blvd.

Jane's Carousel (Brooklyn)

Fotografate Jane's Carousel con lo sfondo del Manhattan Bridge da un lato e del Brooklyn Bridge con lo skyline di Manhattan dall'altro, www.janecarousel. com. L'indirizzo è Dock Street.

Joker, la scalinata della danza (Bronx)

Joaquin Phoenix balla sulla lunga scalinata nei panni di Joker. Quella che si vede anche nella locandina del film di Todd Phillips. Siamo nel Bronx e la scalinata unisce Anderson Ave con Shakespeare Ave. Gli indirizzi da visualizzare sono 1150 Anderson Ave per arrivare dall'alto e 1165 Shakespeare Ave per arrivare dal basso.

Joralemon Street (Brooklyn)

È una delle strade più belle di Brooklyn e si trova nella zona di Brooklyn Heights. Le case in mattoni e colorate, gli alberi lungo la strada e le scalinate che portano agli ingressi delle abitazioni.

Una curiosità: dirigetevi al civico 58 in cui si trova uno sfogo della New York City Subway. Visto che si tratta di un palazzo del 1847, è stato soprannominato "The world's only Greek Revival subway ventilator".

Little Island (Chelsea)

L'isola galleggiante sui "fiori di loto" che si affaccia sul New Jersey non può che essere un luogo per scattare delle belle fotografie. Inoltre, da qui si è a pochi passi dalla High Line, dal Chelsea Market e dai vari moli sull'Hudson River. Si vede anche la Freedom Tower. www.littleisland.org, Pier 55 in Hudson River Park, W 13th St.

Little Red Lighthouse (Hudson River)

Il Jeffrey's Hook Light, un piccolo faro sul fiume Hudson, reso celebre da un libro per bambini scritto da Hildegarde Swift e illustrato da Lynd Ward nel 1942, *The Little Red Lighthouse and the Great Gray Bridge*. Si trova sulla piccola punta detta "Jeffrey's Hook" ai piedi del pilone orientale del ponte sospeso George Washington Bridge a Fort Washington Park.

Long Island City (Queens)

È più di una la location da scatto perfetto a LIC. Da Hunter's Point Park siete proprio di fronte - dalla parte opposta dell'East River - ai grattacieli che danzano, ovvero **American Copper Buildings**, uniti tra loro da un ponte di vetro. In alcuni punti riuscite a scorgere l'Empire State Building che compare proprio tra i due edifici. E a LIC si trovano anche due simboli storici di NYC: la scritta **Long Island City** e il **Pepsi Cola sign** al Gantry Plaza State Park (che intravedete anche dalla punta sud della Roosevelt Island).

Manhattanhenge

Il solstizio di Manhattan è un fenomeno in cui il sole si allinea con le strade che attraversano il distretto in direzione est-ovest e il tramonto è parallelo a tutte le street di Manhattan. Avviene due volte l'anno a pari distanza dal solstizio d'estate: intorno al 28 maggio e verso il 12 luglio. Scattate quando il disco solare scende tra i grattacieli. Migliori punti di avvistamento: **14th, 23rd, 34th, 42nd, 57th**.

Masjid Malcolm Shabazz (Harlem)

Colorata di azzurro e giallo, la moschea ha preso il nome di Malcom X dopo il suo assassinio ed è uno dei simboli islamici di Harlem. 102 W 116th Street.

Morgan Library & Museum (Midtown)

www.themorgan.org

È una biblioteca e museo, voluta dal banchiere John Pierpont Morgan, ospitata nell'edificio del 1902. Si trova al 225 Madison Ave. Entrate per stupirvi!

New York Botanical Garden (Bronx)

Scattatevi una foto avendo alle spalle la serra in vetro in stile liberty, all'interno del giardino botanico. 2900 Southern Blvd (www.nybg.org).

New Yorker Hotel (Midtown)

Percorrendo la W 34th St, alzate lo sguardo. Trovate l'enorme scritta New Yorker Hotel in rosso su un edificio in mattoni. Un pezzo di storia della città. Se invece preferite soggiornare, l'ingresso è 481 8th Ave, www.newyorkerhotel.com.

Roosevelt Island (Midtown)

Scattate le foto e godetevi il panorama dalla funivia aerea che collega l'Upper East Side di Manhattan alla Roosevelt Island, sfiorando il Queensboro Bridge. Si sale in E 59th Street e 2nd Avenue. Poi passeggiate fino alla collina e godetevi il panorama mozzafiato su Manhattan.

Sakura Park (Harlem)

Tra fine marzo e metà aprile, le foto più belle sono al Sakura Park nell'area a nord di Morningside Heights, Harlem. Sono 2000 alberi di ciliegi giapponesi (Riverside Drive).

San Remo Building (Upper West Side)

The San Remo è uno dei più famosi edifici di Manhattan (145 Central Park West). Immortalatelo al tramonto dal Jacqueline Kennedy Reservoir (85th Street Transverse).

Skybridge in Staple Street Alley (Tribeca)

In questo ex vicolo industriale di Tribeca, tra due blocchi sottili (Hudson St, Duane St, Jay St e Harrison St) si trova uno dei più interessanti e fotogenici skybridge della città, che unisce due palazzi. Uno dei due edifici è stato il New York Hospital collegato a quello di fronte, in cui si trovavano le sale della lavanderia, con un ponte pedonale al terzo piano.

Smallpox Hospital (Roosevelt Island, East River)

È un ospedale abbandonato sulla Roosevelt Island a Manhattan. L'edificio, ex scuola di tirocinio, è in stile neogotico e oggi, senza vetri, decadente e con i rampicanti che si sono impossessati dei suoi muri, è molto suggestivo. Si trova lungo Main Street, andando verso sud dalla fermata della funivia. Sono in corso grandi riqualificazioni per quest'area.

Squibb Park Bridge (Brooklyn)

Se volete scattare una foto come quella della copertina di questa guida, potete andare sul ponte sospeso che collega Brooklyn Bridge Park e Brooklyn Heights Promenade.

St Marks' Place (East Side)

Il cuore dell'East Side regala numerosi murales. Concedetevi una passeggiata senza fretta.

Statua di Alice nel Paese delle Meraviglie (Central Park)

Si fa un po' di fila, per poter avere uno scatto da sole con Alice. Sedetevi sul grande fungo di bronzo.

Stone Street (Financial District)

È una breve stradina nel quartiere finanziario di Manhattan. Un tempo correva da Broad Street a Hanover Square, ma fu poi divisa in due sezioni dalla costruzione dell'edificio Goldman Sachs all'85 di Broad St negli anni Ottanta. Non perdete questa via pedonale con i ciottoli, un vero tuffo nel passato, con le lucine che corrono da un edificio all'altro illuminando la strada con una particolare atmosfera.

Stuyvesant Street (East Village)

È una delle più antiche strade di New York e corre diagonalmente dalla 9th St alla Third Avenue, fino alla 10th St vicino a Second Avenue. Non perdetevi il famoso angolo con la scritta della strada e l'edificio con i rampicanti e il glicine, delizioso in primavera.

SUMMIT One Vanderbilt (Midtown)

È uno dei punti di avvistamento della città più interessanti con il pavimento riflettente (dovete indossare scarpe senza tacchi e non gonne corte) e si trova a due passi da Grand Central Terminal. Un secondo spot da non perdere: uno speakeasy celato nella stazione dei treni con grandi vetrate e luce soffusa. Si chiama **The Campbell** e un tempo è stato l'ufficio del finanziere John W. Campbell, membro del consiglio di amministrazione della New York Central Railroad (www. thecampbellnyc.com, 15 Vanderbilt Ave).

Survival Tree (Financial District)

Nel giardino del sito 9/11 Memorial, a pochi passi dal museo e dalla Freedom Tower, ogni anno torna a fiorire l'albero di pero, unico sopravvissuto all'attentato terroristico delle Torri Gemelle.

The Cloisters (Fort George)

 www.metmuseum.org/cloisters/

Sull'isola di Manhattan, ma a nord all'altezza del Bronx, si trovano i chiostri sede distaccata del Met dedicata all'arte medievale. L'indirizzo è 99 Margaret Corbin Dr, a Fort Tryon Park. Fatevi una foto nel chiostro.

The Corner Deli (Lower Manhattan)

È un ristorante, ma a noi questo non interessa perché si tratta di un angolo iconico di NYC. Proprio qui di fronte all'insegna di The Corner si scattano numerose fotografie per i servizi di moda. Siamo al 106 di Kenmare St.

The Vessel (Hudson Yards)

L'edificio a scalinate che formano una specie di alveare sta facendo impazzire i newyorkesi e i turisti. Scattate una foto giocando con i materiali riflettenti con cui è costruito. Si trova nel nuovo quartiere di Hudson Yards, alla fine dell'High Line (The Shops and Restaurants at Hudson Yards) e finalmente lo stanno mettendo in sicurezza per riaprirlo.

Toro di Wall Street (Financial District)

Il *Charging Bull* di Wall Street è il simbolo del capitalismo americano. Realizzata dall'artista siciliano Arturo Di Modica la statua di bronzo a pochi passi adesso ha una antagonista, la *Fearless Girl*, creata da Kristen Visbal.

Tudor City Overpass (Murray Hill/Midtown)

Siamo alle spalle del palazzo delle Nazioni Unite e qui si trova un cavalcavia da cui ammirare il Crhysler Building. Si trova tra la W 41st e 42nd th St, vicino a Tudor City Green.

Unisphere (Flushing Meadows)

O si atterra all'aeroporto di LaGuardia, oppure è necessario andarci apposta, ma ne vale la pena per scattare un selfie con l'*Unisphere*, che rappresenta il globo terrestre. Ce n'è uno simile, più piccolo, in Columbus Circle.

Valentino Pier (Red Hook, Brooklyn)

Andateci ora, quando ancora in pochi arrivano fin qui. Vedrete finalmente il volto della *Statua della Libertà*. Fate una passeggiata lungo il Waterfront. La metro non arriva a Red Hook, dovrete camminare per alcuni blocchi a piedi, oppure, se partite da Manhattan, utilizzate il Water Taxi dell'Ikea: costa 5 dollari, che vi saranno restituiti al momento della spesa nel grande magazzino. Nel weekend invece il trasporto dal Pier 11 di Lower Manhattan a Red Hook è gratuito. Oppure utilizzate le corse dell'East River Ferry che potete anche acquistare da app.

VIA 57 West (Upper West Side)

Si trova a Manhattan (625 W 57th Street) e sta contribuendo a cambiare lo skyline sul fiume Hudson. Ha la forma di una gigantesca piramide o di una vela. Al tramonto brilla. Potete vederla da Days Point, a nord di Hoboken, nel New Jersey, o arrivarci da Columbus Circle.

Wagner Cove (Central Park)

È una delle location più apprezzate per sposarsi a Central Park. Il romantico capanno si trova proprio a bordo lago, tra gli alberi. All'altezza della 71a, lato ovest.

Washington Mews (Greenwich Village)

L'area chiamata "Washington Mews" ricorda i *mews* di Londra, ex scuderie di cui si trovano tanti esempi a Portobello. Le case hanno i muri dai colori pastello o i mattoni a vista. Perfetta location per servizi fotografici.

Vista da Summit One Vanderbilt.

In viaggio con i bambini

È troppo complicato da organizzare un viaggio a NY con i bambini? La Grande Mela è gestibile per le donne che viaggiano sole (ma anche no) con figli? È una città facile e sicura e lo svago per alleggerire una giornata è sempre dietro l'angolo. Insomma, come restiamo affascinate noi dalla città, così è per loro. Basta conoscere i posti giusti.

Alice's Tea Cup (Uptown)
www.alicesteacup.com

È uno dei luoghi in cui le mamme e le nanny di Manhattan preferiscono trascorrere i pomeriggi con i bambini. Andateci per una merenda a base di tè e scones o cupcakes: Chapter 1, 102 W 73rd Street; Chapter 2, 156 E 64th Street. Ha aperto una sede a Brooklyn: **Alice's Tea Cup To Go**, 43 Hicks St. Dai 4 anni.

American Girl Store (Midtown)
www.americangirl.com

Le bambine americane vanno pazze per queste bambole con tanti accessori, 75 Rockefeller Plaza. C'è anche un café aperto dalle 11.30 alle 14.30. Dai 4 anni.

American Museum of Natural History (Upper West Side)
www.amnh.org

Si trova al confine con Central Park: 79th Street. Dalla primavera del 2023 il Museo di Storia Naturale di NYC ha un nuovo padiglione, si tratta del **Richard Gilder Center for Science, Education and Innovation**. L'interno ricorda una grotta e le pareti sembrano erose dal vento e dall'acqua. Ques'area è stata progettata come un sistema di tunnel per collegare la nuova ala dell'edificio con quello esistente e grandi finestre si affacciano su Central Park. Qui si trovano la casa delle farfalle, laboratori didattici e di ricerca, diversi ambienti espositivi. Dai 4 anni.

AKC Museum of the Dog (Murray Hill/Midtown)

www.museumofthedog.com

Dopo 35 anni, il Museum of the Dog è tornato a NYC. E non è una gioia solo per i più piccoli, ma di certo li può intrattenere. Al 101 di Park Ave.

Bleecker Playground (Greenwich Village)

State passeggiando lungo Bleecker e avete bisogno di intrattenere per un po' i vostri figli? Di fronte a Magnolia Bakery c'è il Bleecker Playground. I bagni a disposizione sono molto puliti. Dai 2 anni.

Bronx Zoo (Bronx)

www.bronxzoo.com

È lo zoo più grande del mondo e si trova in Bronx Park, a sud del New York Botanical Garden. Andate nell'area *petting zoo*, quella in cui i bambini possono avvicinare e accarezzare gli animali (dai 2 anni in su). 2300 Southern Boulevard. Se volete andare in uno zoo più vicino, scegliete il Central Park Zoo.

Brooklyn Children's Museum (Crown Heights, Brooklyn)

www.brooklynkids.org

Si trova alle spalle di Prospect Park ed è il primo museo ideato per i bambini, dal 1889. Fate un giro a Park Slope, poi allungate verso il **Children's Museum**, 145 Brooklyn Avenue. Dai 4 anni.

Central Park (Upper Manhattan)

www.centralpark.com

Boat Pond è il laghetto artificiale presso il quale si possono noleggiare piccole barche a vela telecomandate. La statua dello scrittore **Hans Christian Andersen** è una delle più famose di Central Park: ogni sabato d'estate, da giugno a settembre, che piova o che ci sia il sole, dalle 11 alle 12 si tiene la *storytelling hour*, la lettura delle favole, ⓢ www.hcastorycenter.org.

A proposito di statue, non perdete quella di **Alice nel Paese delle Meraviglie**.

Oltre ai 21 parchi giochi presenti a Central Park, il più bello è l'**Heckscher Playground**, ⓢ www.centralparknyc.org, ci sono anche altre attività interessanti, come le esibizioni di burattinai nello storico **teatro delle marionette Swedish Cottage**, ⓢ www.cityparksfoundation.org e ⓢ www.centralpark.com.

Alla **giostra di Central Park** ogni corsa costa 4 ⓢ ed è aperta tutti i giorni da aprile a ottobre; da novembre a marzo, l'apertura è discontinua (ⓢ www.centralpark.com/things-to-do/attractions/carousel). Si trova all'altezza della 65a Strada. D'inverno, andate al **Wollman Rink**, la pista di pattinaggio del parco (dai 6 anni in su). Per conoscere tutte le altre attività, leggete il capitolo "New York quando piove o fa freddo" (pag. 112).

Children's Center (Midtown)

ⓢ www.nypl.org

Fa parte della New York Public Library, dove potete portare i bambini anche a vedere il salone di lettura e consultazione che compare nel film *Ghostbusters – Acchiappafantasmi*. 455 5th Ave. Dai 2 anni in su.

Crociere

ⓢ www.circleline42.com

Se volete arrivare vicino alla *Statua della Libertà* evitando le code, scegliete una crociera. Ce ne sono tantissime. Dai 4 anni.

Disney Store (Midtown)

ⓢ www.disneystore.com

Forse Times Square è la zona di NYC in cui fare più attenzione perché è molto caotica.

Rifugiatevi al Disney Store: ben tre piani di giochi e gadgets. È aperto tutti i giorni fino all'una di notte. 1540 Broadway.

Dylan's Candy Bar (Hell's Kitchen)

www.dylanscandybar.com

Ce n'è più di uno, a Manhattan, ma quello al 20 Hudson Yards è il più recente. Un negozio che vende solo caramelle e dolciumi. Andateci a stomaco pieno o comprerete di tutto. Dai 4 anni in su.

Evelyn's Playground (Union Square)

www.hudsonriverpark.org

È una delle aree giochi meglio attrezzate di Manhattan: altalene, tunnel, scivoli. Disponibili i bagni. Altre aree giochi: **Silver Towers Public Park** con lo scivolo speciale di Tom Otterness; **Washington Square Park Playground**, Pier 25 dove c'è anche un minigolf; Pier 51 e Pier 84 lungo il fiume Hudson, con vista sul New Jersey.

FAO Schwarz (Midtown)

www.faoschwarz.com

Dopo qualche anno di chiusura, lo storico negozio di giocattoli newyorkese ha riaperto a Midtown. Si trova al 30 di Rockefeller Plaza ed è aperto tutti i giorni dalle 10 alle 20.

Lego Store (Midtown)

www.rockefellercenter.com

Si trova all'interno del Rockefeller Center, 636 5th Ave. C'è una sede anche nel Flatiron District: 200 5th Ave.

Luna Park di Coney Island (Brooklyn)

Fate una passeggiata lungo il Boardwalk, salite sulla ruota panoramica, fate un giro nella galleria degli orrori e assaggiate un hotdog di Nathan. Dai 6 anni in su.

M&M's World (Midtown)

www.mmsworld.com

Tutto a tema M&M's nel cuore di Times Square, 1600 Broadway.

Passeggiate

Le passeggiate più tranquille, anche per chi è munito di passeggino, sono l'**Esplanade a Downtown**, da **Battery Park** al **Brookfield Place** costeggiando il fiume Hudson; la **High Line** tra il **Meatpacking District** e **Chelsea**; **Tribeca**; **Soho**; il **Greenwich Village**.

Pier 1 Playground (Brooklyn)

È lungo il Brooklyn Bridge Park e si affaccia su Lower Manhattan. L'intrattenimento migliore è da 0 a 4 anni. Andate anche al **Picnic Peninsula**.

Roosevelt Island (Midtown)

E se saliste su una funivia? Si chiama **59th Street Tram** o **Roosevelt Island Tram**. Una volta arrivati sull'isolotto nel centro dell'East River, fate una passeggiata nel verde.

Teatro

Date uno sguardo ai musical di Broadway, molti classici Disney sono diventati degli spettacoli teatrali. Dai 6 anni.

Top of the Rock (Midtown)

Se volete salire ai piani alti per ammirare il panorama (i bambini non sempre sono benvenuti nei rooftop in cui si bevono alcolici), all'**Empire State Building** preferite il meglio organizzato e meno caotico *skydeck* del **Rockefeller Center**. Oppure l'osservatorio della **Freedom Tower**. O ancora il **SUMMIT One Vanderbilt** perché il percorso è organizzato con una serie di intrattenimenti adatti anche ai più piccoli. Dai 6 anni.

Yankee Stadium (Bronx)

www.nyysteak.com

Arrivarci è un viaggio, ma se i figli sono maschi può valerne la pena (dai 6 anni). 1 E 161st Street, www.mlb.com/yankees/ballpark, poi fermatevi a cena allo al **NYY Steak** (www.nyysteak.com, 1 E 161st St), si trova di fronte al gate 6.

Sposarsi a New York

Durante il primo booktour di presentazione di *New York al femminile*, che abbiamo soprannominato *Meet Me in New York*, c'è sempre stato qualcuno che – dopo aver letto che mio marito e io (conosciuti sul web come *Valigia a due piazze*) ci siamo sposati nella Grande Mela nel gennaio 2010 – ha posto qualche domanda tipo queste:

Ma come avete fatto a sposarvi a New York?

È come a Las Vegas?

Il matrimonio è valido in Italia?

Le risposte, in ordine, sono: è semplice; assolutamente no, a celebrare il matrimonio è un delegato del sindaco, non un sosia di Elvis Presley; sì è valido, ma va trascritto nel proprio comune di residenza.

Se qualcuno ci sta pensando o se decidete di farlo senza esservi organizzati in anticipo, queste sono alcune indicazioni utili.

Marriage License, come ottenerla

Per convolare a nozze è necessario avere in mano una licenza (Marriage License) che ha la durata di 60 giorni ed è rilasciata dal City Clerk 24 ore dopo aver risposto a una serie di domande sul proprio stato civile al momento della richiesta del documento e sulla propria famiglia di origine.

Quindi 24 ore e un minuto dopo il rilascio della licenza potete già unirvi in matrimonio, come abbiamo fatto noi. Portate con voi il passaporto. Per evitare la fila compilate la richiesta online sul sito www1.nyc.gov/cityclerkformsonline e vi verrà rilasciato un numero. Se avete bisogno di capire come si compila la documentazione, potete leggere le istruzioni in italiano sul sito www.cityclerk.nyc.gov. Per ottenere la licenza matrimoniale si pagano 35 $, ma consiglio di verificare sempre sul sito dedicato le spese che potrebbero aumentare. Altri 25 $ sono quelli che spenderete per celebrare il matrimonio presso gli uffici comunali di New York, come abbiamo scelto di fare noi. Le tasse si possono pagare solo con carta di credito (Visa, MasterCard, Discover e American Express).

È necessario avere un solo testimone che abbia compiuto 18 anni e con un documento valido (il passaporto, se non è cittadino americano). A New York i matrimoni sono anche tra persone dello stesso sesso.

Trascrizione del matrimonio in Italia
Il Consolato italiano all'estero svolge anche la funzione di ufficio di Stato Civile. Presentate i vostri passaporti, il documento di matrimonio originale in Extended Form e legalizzato con Apostille. Per ottenere il certificato di nozze, recatevi il giorno lavorativo seguente al vostro matrimonio al 141 di Worth Street (che è anche la sede di Manhattan in cui vi potete sposare) e, pagando una tassa, vi sarà rilasciato immediatamente. Per altre indicazioni sul Consolato Generale d'Italia a New York, potete consultare il sito www.consnewyork.esteri.it.

Le nozze
Vestitevi come volete: in jeans, in nero, con un sari o con l'abito bianco. Vedrete davvero di tutto: spose cinesi, giapponesi, indiane o scalze o con un abito così vaporoso da non riuscire a passare attraverso le porte degli uffici. In Worth Street (nel Financial District), ci

sono due cappelle: East Chapel e West Chapel. Il giorno del vostro matrimonio sarete chiamati in ordine di arrivo presso il City Clerk, vi indicheranno una cappella e via, sarà celebrato il matrimonio.

Un delegato del sindaco vi chiederà la documentazione e le fedi. Se vi volete sposare, alle domande che vi porrà, rispondete "I do", "I will", non fatevi prendere dal panico e non sbagliate! È possibile scattare delle fotografie durante la cerimonia.

Se ne siete sprovvisti, potete acquistare un bouquet di fiori espresso al chiosco all'interno del City Clerk. Se è stagione, troverete numerose varietà di crisantemi: negli States portano fortuna. Io li ho scelti gialli.

Matrimonio organizzato

Se tutto questo vi sembra complicato (è più difficile spiegarlo che farlo), potete affidarvi a un wedding planner.

- Mary di **Sposarsi a New York** aiuta coppie a sposarsi nella Grande Mela da 12 anni e il suo team ha vinto per due anni di seguito il premio come migliori Wedding Industry Experts. Il loro record è aver gestito quattro matrimoni nello stesso giorno, alla stessa ora e in quattro luoghi diversi della città. Vi daranno una mano a organizzare il vostro sogno in tutti e cinque i distretti di NYC e anche nel New Jersey (magari con vista sullo skyline di Manhattan, ci avevate pensato?). Mary mi ha raccontato che le location più gettonate sono il **Ladies Pavilion** a Central Park e il **Brooklyn Bridge**. www.sposarsianewyork.com, +1 631-482-5633. Li potete chiamare anche al numero italiano 06.99336585.
  La mail info@sposarsianewyork.com.

- **Paola Rossi** offre pacchetti matrimoniali "chiavi in mano", ma c'è anche chi sceglie di festeggiare un anniversario o un rinnovo dei voti. La top 3 dei luoghi più amati: **Central Park** anche in inverno, soprattutto con la neve. Paola mi ha raccontato che è un'oasi di tranquillità e romanticismo in una città molto indaffarata e dinamica e dal parco si ammirano gli scorci dei grattacieli a ricordare agli sposi che sono proprio nel cuore (verde) di Manhattan. Il **City Clerk**, l'ufficio comunale per i matrimoni civili di Manhattan, regala un'esperienza indimenticabile perché ci si unisce in matrimonio tra decine di coppie che arrivano da ogni parte del mondo, con totale libertà di abbigliamento e lontani da ogni tradizione o imposizione. E un altro luogo amato è una terrazza vicino al **Brooklyn Bridge** che si affaccia proprio sullo skyline di Downtown, permettendo di abbracciare con uno sguardo tutti i simboli della Grande Mela. Un luogo che ultimamente viene richiesto è vicino a **Little Island**.

🛜 www.matrimonianewyork.com
✉ paola@matrimonianewyork.com

Sposarsi a Governors Island

Aperta da giugno a ottobre, Governors Island è una location perfetta per un matrimonio romantico, tra le lucine e il tramonto su Lower Manhattan da una parte e Brooklyn dall'altra. Un'idea è **Island Oyster** (in cui potete andare anche solo per un cocktail o se desiderate organizzare un party). E ovviamente potete festeggiare con le ostriche! Governors Island si raggiunge in cinque minuti di ferry da Manhattan (10 South St) e da Brooklyn (Pier 6). 🛜 www.islandoyster.com

INDICE DEI LUOGHI

Per accedere ai contenuti collegati a questo libro è sufficiente utilizzare il QR code in quarta di copertina e qui sotto, o inserire la URL:

bit.ly/4dRkUuW

 Ascolta la playlist di questa guida